book2

italiano – olandese

per principianti

Un libro in due lingue

www.book2.de

GOETHE
VERLAG

IMPRESSUM

Johannes Schumann:
book2 italiano - olandese
EAN-13 (ISBN-13): 9781440445170

Goethe-Verlag GmbH
Postfach 152008
80051 München
Germany

Fax +49-89-74790012
www.book2.de
www.goethe-verlag.com

Indice

1 [uno]

Persone

1 [een]

Mensen

io
io e te
noi due

lui
lui e lei
loro due

l'uomo
la donna
il bambino

una famiglia
La mia famiglia.
La mia famiglia è qui.

Io sono qui.
Tu sei qui.
Lui è qui e lei è qui.

Noi siamo qui.
Voi siete qui.
Tutti loro sono qui.

ik
ik en jij
wij beiden

hij
hij en zij
zij beiden

de man
de vrouw
het kind

een gezin
mijn gezin
Mijn gezin is hier.

Ik ben hier.
Jij bent hier.
Hij is hier en zij is hier.

Wij zijn hier.
Jullie zijn hier.
Zij zijn allemaal hier.

2 [due]

La famiglia

2 [twee]

Familieleden

il nonno	de grootvader
la nonna	de grootmoeder
lui e lei	hij en zij
il padre	de vader
la madre	de moeder
lui e lei	hij en zij
il figlio	de zoon
la figlia	de dochter
lui e lei	hij en zij
il fratello	de broer
la sorella	de zus
lui e lei	hij en zij
lo zio	de oom
la zia	de tante
lui e lei	hij en zij
Noi siamo una famiglia.	Wij zijn een gezin.
La famiglia non è piccola.	Het gezin is niet klein.
La famiglia è grande.	Het gezin is groot.

3 [tre]

Fare la conoscenza

3 [drie]

Ontmoeten

Ciao!
Buongiorno!
Come va?

Hallo!
Dag!
Hoe gaat het?

Viene dall'Europa?
Viene dall'America?
Viene dall'Asia?

Komt u uit Europa?
Komt u uit Amerika?
Komt u uit Azië?

In quale hotel alloggia?
Da quanto tempo è qui?
Per quanto tempo rimane?

In welk hotel verblijft u?
Hoe lang bent u er al?
Hoe lang blijft u?

Le piace qui?
È in vacanza?
Mi venga a trovare!

Bevalt het u hier?
Bent u hier met vakantie?
Kom me een keer opzoeken!

Ecco il mio indirizzo.
Ci vediamo domani?
Mi dispiace,ho già un altro impegno.

Hier is mijn adres.
Zien we elkaar morgen?
Sorry, maar ik heb al plannen.

Ciao!
Arrivederci!
A presto!

Dag!
Tot ziens!
Tot gauw!

4 [quattro]

A scuola

4 [vier]

Op school

Dove siamo?
Siamo a scuola.
Abbiamo lezione.

Waar zijn we?
We zijn op school.
We hebben les.

Questi sono gli studenti.
Questa è l'insegnante.
Questa è la classe.

Dat zijn de leerlingen.
Dat is de lerares.
Dat is de klas.

Che cosa facciamo?
Studiamo.
Impariamo una lingua.

Wat doen we?
We leren.
Wij leren een taal.

Io studio l'inglese.
Tu studi lo spagnolo.
Lui studia il tedesco.

Ik leer Engels.
Jij leert Spaans.
Hij leert Duits.

Noi studiamo il francese.
Voi studiate l'italiano.
Loro studiano il russo.

Wij leren Frans.
Jullie leren Italiaans.
Zij leren Russisch.

Studiare una lingua è interessante.
Vogliamo capire la gente.
Vogliamo parlare con la gente.

Talen leren is interessant.
We willen mensen begrijpen.
We willen met mensen spreken.

5 [cinque]

Paesi e lingue

5 [vijf]

Landen en talen

John è di Londra.
Londra si trova in Inghilterra.
Lui parla inglese.

John komt uit Londen.
Londen ligt in Groot Brittannië.
Hij spreekt Engels.

Maria è di Madrid.
Madrid si trova in Spagna.
Lei parla spagnolo.

Maria komt uit Madrid.
Madrid ligt in Spanje.
Zij spreekt Spaans.

Peter e Martha sono di Berlino.
Berlino si trova in Germania.
Parlate tedesco voi due?

Peter en Martha komen uit Berlijn.
Berlijn ligt in Duitsland.
Spreken jullie allebei Duits?

Londra è una capitale.
Anche Madrid e Berlino sono capitali.
Le capitali sono grandi e rumorose.

Londen is een hoofdstad.
Madrid en Berlijn zijn ook hoofdsteden.
De hoofdsteden zijn groot en lawaaierig.

La Francia si trova in Europa.
L'Egitto si trova in Africa.
Il Giappone si trova in Asia.

Frankrijk ligt in Europa.
Egypte ligt in Afrika.
Japan ligt in Azië.

Il Canada si trova nell'America del nord.
Il Panama si trova nell'America centrale.
Il Brasile si trova nell'America del sud.

Canada ligt in Noord-Amerika.
Panama ligt in Midden-Amerika.
Brazilië ligt in Zuid-Amerika.

6 [sei]

Leggere e scrivere

6 [zes]

Lezen en schrijven

Io leggo.
Io leggo una lettera.
Io leggo una parola.

Io leggo una frase.
Io leggo una lettera.
Io leggo un libro.

Io leggo.
Tu leggi.
Lui legge.

Io scrivo.
Io scrivo una lettera.
Io scrivo una parola.

Io scrivo una frase.
Io scrivo una lettera.
Io scrivo un libro.

Io scrivo.
Tu scrivi.
Lui scrive.

Ik lees.
Ik lees een letter.
Ik lees een woord.

Ik lees een zin.
Ik lees een brief.
Ik lees een boek.

Ik lees.
Jij leest.
Hij leest.

Ik schrijf.
Ik schrijf een letter.
Ik schrijf een woord.

Ik schrijf een zin.
Ik schrijf een brief.
Ik schrijf een boek.

Ik schrijf.
Jij schrijft.
Hij schrijft.

7 [sette]

Numeri

7 [zeven]

Getallen

Io conto:
uno, due, tre
Io conto fino a tre.

Continuo a contare:
quattro, cinque, sei,
sette, otto, nove.

Io conto.
Tu conti.
Lui conta.

Uno. Il primo.
Due. Il secondo.
Tre. Il terzo.

Quattro. Il quarto.
Cinque. Il quinto.
Sei. Il sesto.

Sette. Il settimo.
Otto. L'ottavo.
Nove. Il nono.

Ik tel:
een, twee, drie
Ik tel tot drie.

Ik tel verder:
vier, vijf, zes,
zeven, acht, negen

Ik tel.
Jij telt.
Hij telt.

Een. De eerste.
Twee. De tweede.
Drie. De derde.

Vier. De vierde.
Vijf. De vijfde.
Zes. De zesde.

Zeven. De zevende.
Acht. De achtste.
Negen. De negende.

8 [otto]

Le ore

8 [acht]

De tijd

Scusi!
Che ora è (Che ore sono), per favore?
Grazie mille.

Neem me niet kwalijk!
Weet u misschien hoe laat het is?
Hartelijk dank.

È l'una.
Sono le due.
Sono le tre.

Het is een uur.
Het is twee uur.
Het is drie uur.

Sono le quattro.
Sono le cinque.
Sono le sei.

Het is vier uur.
Het is vijf uur.
Het is zes uur.

Sono le sette.
Sono le otto.
Sono le nove.

Het is zeven uur.
Het is acht uur.
Het is negen uur.

Sono le dieci.
Sono le undici.
Sono le dodici (è mezzogiorno, è mezzanotte).

Het is tien uur.
Het is elf uur.
Het is twaalf uur.

Un minuto ha sessanta secondi.
Un'ora ha sessanta minuti.
Un giorno ha ventiquattro ore.

Een minuut heeft zestig seconden.
Een uur heeft zestig minuten.
Een dag heeft vierentwintig uur.

9 [nove]

I giorni della settimana

9 [negen]

Weekdagen

il lunedì	de maandag
il martedì	de dinsdag
il mercoledì	de woensdag
il giovedì	de donderdag
il venerdì	de vrijdag
il sabato	de zaterdag
la domenica	de zondag
la settimana	de week
da lunedì a domenica	van maandag tot zondag
Il primo giorno è il lunedì.	De eerste dag is maandag.
Il secondo giorno è il martedì.	De tweede dag is dinsdag.
Il terzo giorno è il mercoledì.	De derde dag is woensdag.
Il quarto giorno è il giovedì.	De vierde dag is donderdag.
Il quinto giorno è il venerdì.	De vijfde dag is vrijdag.
Il sesto giorno è il sabato.	De zesde dag is zaterdag.
Il settimo giorno è la domenica.	De zevende dag is zondag.
La settimana ha sette giorni.	De week heeft zeven dagen.
Noi lavoriamo solo cinque giorni.	Wij werken maar vijf dagen.

10 [dieci]

Ieri - oggi - domani

10 [tien]

Gisteren - vandaag - morgen

Ieri era sabato. Ieri sono stato al cinema. Il film era interessante.	Gisteren was het zaterdag. Gisteren was ik in de bioscoop. De film was interessant.
Oggi è domenica. Oggi non lavoro. Resto a casa.	Vandaag is het zondag. Vandaag werk ik niet. Ik blijf thuis.
Domani è lunedì. Domani lavoro di nuovo. Lavoro in ufficio.	Morgen is het maandag. Morgen werk ik weer. Ik werk op kantoor.
Chi è? È Peter. Peter è uno studente.	Wie is dat? Dat is Peter. Peter is student.
Questa chi è? Questa è Martha. Martha è una segretaria.	Wie is dat? Dat is Martha. Martha is secretaresse.
Peter e Martha sono amici. Peter è l'amico di Martha. Martha è l'amica di Peter.	Peter en Martha zijn vrienden. Peter is de vriend van Martha. Martha is de vriendin van Peter.

11 [undici]

Mesi

(il) gennaio
(il) febbraio
(il) marzo

(l') aprile
(il) maggio
(il) giugno

Questi sono sei mesi.
Gennaio, febbraio, marzo,
aprile, maggio e giugno.

(il) luglio
(il) agosto
(il) settembre

(il) ottobre
(il) novembre
(il) dicembre

Anche questi sono sei mesi.
Luglio, agosto, settembre,
ottobre, novembre, dicembre.

11 [elf]

Maanden

januari
februari
maart

april
mei
juni

Dat zijn zes maanden.
januari, februari, maart,
april, mei en juni.

juli
augustus
september

oktober
november
december

Dat zijn ook zes maanden.
juli, augustus, september,
oktober, november en december.

12 [dodici]

Bevande

12 [twaalf]

Dranken

Io bevo tè.
Io bevo caffè.
Io bevo acqua minerale.

Ik drink thee.
Ik drink koffie.
Ik drink mineraalwater.

Bevi il tè con il limone?
Bevi il caffè con lo zucchero?
Bevi acqua con ghiaccio?

Drink je thee met citroen?
Drink je koffie met suiker?
Drink je water met ijs?

Qui c'è una festa.
La gente beve prosecco.
La gente beve vino e birra.

Er is hier een feest aan de gang.
De mensen drinken champagne.
De mensen drinken wijn en bier.

Bevi alcolici?
Bevi Whisky?
Bevi Coca Cola con il rum?

Drink je alcohol?
Drink je whisky?
Drink je cola met rum?

Non mi piace il prosecco.
Non mi piace il vino.
Non mi piace la birra.

Ik houd niet van champagne.
Ik houd niet van wijn.
Ik houd niet van bier.

Al bambino piace il latte.
Al bambino piacciono la cioccolata e il succo di mela.
Alla donna piacciono la spremuta d'arancia e il succo al pompelmo.

De baby houdt van melk.
Het kind houdt van chocolademelk en appelsap.
De vrouw houdt van sinaasappel- en grapefruitsap.

13 [tredici]

Attività

13 [dertien]

Activiteiten

Che cosa fa Martha?
Lavora in ufficio.
Lavora al computer.

Wat doet Martha?
Zij werkt op kantoor.
Zij werkt op de computer.

Dov'è Martha?
Al cinema.
Guarda un film.

Waar is Martha?
In de bioscoop.
Zij kijkt naar een film.

Che cosa fa Peter?
Studia all'università.
Studia lingue.

Wat doet Peter?
Hij studeert aan de universiteit.
Hij studeert talen.

Dov'è Peter?
Al bar.
Beve un caffè.

Waar is Peter?
In het café.
Hij drinkt koffie.

Dove gli piace andare?
Ai concerti.
Gli piace ascoltare la musica.

Waar gaan ze graag heen?
Naar een concert.
Zij luisteren graag naar muziek.

Dove non vanno volentieri?
In discoteca.
Non gli piace ballare.

Waar gaan zij niet graag heen?
Naar de disco.
Zij dansen niet graag.

14 [quattordici]

Colori

14 [veertien]

Kleuren

La neve è bianca.
Il sole è giallo.
L'arancia è arancione.

La ciliegia è rossa.
Il cielo è azzurro.
L'erba è verde.

La terra è marrone.
La nuvola è grigia.
Le ruote sono nere.

Di che colore è la neve? Bianca.
Di che colore è il sole? Giallo.
Di che colore è l'arancia? Arancione.

Di che colore è la ciliegia? Rossa.
Di che colore è il cielo? Azzurro.
Di che colore è l'erba? Verde.

Di che colore è la terra? Marrone.
Di che colore è la nuvola? Grigia.
Di che colore sono le ruote? Nere.

De sneeuw is wit.
De zon is geel.
De sinaasappel is oranje.

De kers is rood.
De hemel is blauw.
Het gras is groen.

De aarde is bruin.
De wolk is grijs.
De banden zijn zwart.

Welke kleur heeft de sneeuw? Wit.
Welke kleur heeft de zon? Geel.
Welke kleur heeft de sinaasappel? Oranje.

Welke kleur heeft de kers? Rood.
Welke kleur heeft de hemel? Blauw.
Welke kleur heeft het gras? Groen.

Welke kleur heeft de aarde? Bruin.
Welke kleur heeft de wolk? Grijs.
Welke kleur hebben de banden? Zwart.

15 [quindici]

Frutti e generi alimentari

15 [vijftien]

Fruit en levensmiddelen

Io ho una fragola.
Io ho un kiwi e un melone.
Io ho un'arancia e un pompelmo.

Ik heb een aardbei.
Ik heb een kiwi en een meloen.
Ik heb een sinaasappel en een grapefruit.

Io ho una mela e un mango.
Io ho una banana e un'ananas.
Io preparo una macedonia.

Ik heb een appel en een mango.
Ik heb een banaan en een ananas.
Ik maak een fruitsalade.

Io mangio un toast.
Io mangio un toast con il burro.
Io mangio un toast con burro e marmellata.

Ik eet toast.
Ik eet toast met boter.
Ik eet toast met boter en jam.

Io mangio un tramezzino.
Io mangio un tramezzino con la margarina.
Io mangio un tramezzino con margarina e pomodoro.

Ik eet een boterham.
Ik eet een boterham met halvarine.
Ik eet een boterham met halvarine en tomaat.

Abbiamo bisogno di pane e riso.
Abbiamo bisogno di pesce e bistecche.
Abbiamo bisogno di pizza e spaghetti.

We hebben brood en rijst nodig.
We hebben vis en beafstuk nodig.
We hebben pizza en spaghetti nodig.

Di che cosa abbiamo ancora bisogno?
Abbiamo bisogno di carote e pomodori per la minestra.
Dove troviamo un supermercato?

Wat hebben we nog nodig?
We hebben wortelen en tomaten nodig voor de soep.
Waar is de supermarkt?

16 [sedici]

Stagioni e tempo

16 [zestien]

Seizoenen en weer

Queste sono le stagioni:
La primavera, l'estate,
l'autunno e l'inverno.

Dit zijn de seizoenen:
Lente, zomer,
herfst en winter.

D'estate fa caldo.
D'estate c'è il sole.
D'estate ci piace andare a passeggio.

De zomer is heet.
In de zomer schijnt de zon.
In de zomer gaan we graag wandelen.

D'inverno fa freddo.
D'inverno nevica o piove.
D'inverno preferiamo restare in casa.

De winter is koud.
In de winter sneeuwt of regent het.
In de winter blijven we graag thuis.

Fa freddo.
Piove.
Tira vento.

Het is koud.
Het regent.
Het waait.

Fa caldo.
C'è il sole.
È sereno.

Het is warm.
Het is zonnig.
Het is helder.

Che tempo fa oggi?
Oggi fa freddo.
Oggi fa caldo.

Hoe is het weer vandaag?
Het is koud vandaag.
Het is warm vandaag.

17 [diciassette]

A casa

17 [zeventien]

Rondom het huis

Ecco la nostra casa.
Sopra c'è il tetto.
Sotto c'è la cantina.

Hier is ons huis.
Het dak is boven.
De kelder is beneden.

Dietro la casa c'è un giardino.
Davanti alla casa non c'è nessuna strada.
Vicino alla casa ci sono degli alberi.

Achter het huis is de tuin.
Voor het huis is er geen straat.
Er staan bomen naast het huis.

Ecco il mio appartamento.
Ecco la cucina e il bagno.
Lì ci sono il salotto e la camera da letto.

Hier is mijn woning.
Hier zijn de keuken en badkamer.
Hier zijn de woon- en slaapkamer.

La porta è chiusa.
Ma le finestre sono aperte.
Oggi fa caldo.

De voordeur is gesloten.
Maar de ramen zijn open.
Het is heet vandaag.

Noi andiamo in salotto.
Lì ci sono un divano e una poltrona.
Si sieda!

Wij gaan naar de woonkamer.
Daar is een sofa en een fauteuil.
Neemt u plaats!

Li c'è il mio computer.
Lì c'è il mio (impianto) stereo.
Il televisore è nuovo di zecca.

Daar staat mijn computer.
Daar staat mijn stereo.
De televisie is helemaal nieuw.

18 [diciotto]

Pulizie di casa

18 [achttien]

Grote schoonmaak

Oggi è sabato.	Vandaag is het zaterdag.
Oggi abbiamo tempo.	Vandaag hebben we tijd.
Oggi puliamo l'appartamento.	Vandaag maken we het huis schoon.
Io pulisco il bagno.	Ik maak de badkamer schoon.
Mio marito pulisce la macchina/l'auto.	Mijn man wast de auto.
I bambini puliscono le biciclette.	De kinderen maken de fietsen schoon.
La nonna annaffia i fiori.	Grootmoeder geeft de planten water.
I bambini mettono in ordine la loro stanza.	De kinderen ruimen de kinderkamer op.
Mio marito mette in ordine la sua scrivania.	Mijn man ruimt zijn bureau op.
Metto la biancheria nella lavatrice.	Ik doe de was in de wasmachine.
Stendo il bucato.	Ik hang de was op.
Stiro la biancheria.	Ik strijk de kleren.
Le finestre sono sporche.	De ramen zijn vuil.
Il pavimento è sporco.	De vloer is vuil.
Le stoviglie sono sporche.	De afwas is vuil.
Chi pulisce le finestre?	Wie maakt de ramen schoon?
Chi spolvera?/Chi passa l'aspirapolvere?	Wie stofzuigt?
Chi lava i piatti?	Wie doet de afwas?

19 [diciannove]

In cucina

19 [negentien]

In de keuken

Hai una nuova cucina?
Cosa vuoi cucinare oggi?
La cucina è elettrica o a gas?

Heb jij een nieuwe keuken?
Wat wil je vandaag koken?
Kook jij elektrisch of op een gasfornuis?

Taglio le cipolle?
Pelo le patate?
Lavo l'insalata?

Zal ik de uien snijden?
Zal ik de aardappelen schillen?
Zal ik de sla wassen?

Dove sono i bicchieri?
Dove sono le stoviglie?
Dove sono le posate?

Waar zijn de glazen?
Waar is het servies?
Waar is het bestek?

Hai un apriscatole?
Hai un apribottiglie?
Hai un cavatappi?

Heb je een blikopener?
Heb je een vlessenopener?
Heb je een kurkentrekker?

Fai bollire la zuppa in quella pentola?
Cuoci il pesce in quella padella?
Cuoci la verdura su quella griglia?

Kook je de soep in deze pot?
Braad je de vis in deze pan?
Gril je de groenten op deze grill?

Io preparo la tavola.
Ecco i coltelli, le forchette e i cucchiai.
Ecco i bicchieri, i piatti e i tovaglioli.

Ik dek de tafel.
Hier zijn de messen, de vorken, en de lepels.
Hier zijn de glazen, de borden, en de servetten.

20 [venti]

Small Talk / chiacchiere 1

20 [twintig]

Small Talk 1

Si accomodi!
Faccia come a casa Sua!
Che cosa desidera da bere?

Maak het uzelf gemakkelijk!
Doe alsof u thuis bent!
Wat wilt u drinken?

Le piace la musica?
Mi piace la musica classica.
Ecco i miei CD.

Houdt u van muziek?
Ik houd van klassieke muziek.
Dit zijn mijn cd's.

Suona uno strumento?
Ecco la mia chitarra.
Le piace cantare?

Speelt u een muziekinstrument?
Dit is mijn gitaar.
Houdt u van zingen?

Ha figli?
Ha un cane?
Ha un gatto?

Heeft u kinderen?
Heeft u een hond?
Heeft u een kat?

Ecco i miei libri.
Sto leggendo questo libro.
Che cosa Le piace leggere?

Dit zijn mijn boeken.
Ik lees nu dit boek.
Wat leest u graag?

Va volentieri al concerto?
Va volentieri a teatro?
Va volentieri all'opera?

Gaat u graag naar concerten?
Gaat u graag naar het theater?
Gaat u graag naar de opera?

21 [ventuno]

Small Talk / chiacchiere 2

21 [eenentwintig]

Small Talk 2

Da dove viene Lei? / Di dov'è?
Da Basilea. / Di Basilea.
Basilea si trova in Svizzera.

Waar komt u vandaan?
Uit Bazel.
Bazel ligt in Zwitserland.

Le posso presentare il signor Müller?
Lui è straniero.
Parla diverse lingue.

Mag ik u de heer Müller voorstellen?
Hij is buitenlander.
Hij spreekt meerdere talen.

Lei è qui per la prima volta?
No, ci sono stato già l'anno scorso.
Ma solo per una settimana.

Bent u voor de eerste keer hier?
Nee, ik was vorig jaar ook al hier.
Maar slechts één week.

Come si trova da noi?
Molto bene. La gente è gentile.
Ed anche il paesaggio mi piace.

Hoe bevalt het u bij ons?
Zeer goed. De mensen zijn vriendelijk.
En het landschap bevalt me ook.

Qual è la Sua professione?
Sono traduttore.
Traduco libri.

Wat bent u van beroep?
Ik ben vertaler.
Ik vertaal boeken.

È solo / sola qui?
No, c'è anche mia moglie / mio marito.
E quelli sono i miei due figli.

Bent u hier alleen?
Nee, mijn vrouw / mijn man is ook hier.
En daar zijn mijn twee kinderen.

22 [ventidue]

Small Talk / chiacchiere 3

22 [tweeëntwintig]

Small Talk 3

Lei fuma?
Una volta fumavo.
Ma adesso non fumo più.

Rookt u?
Vroeger wel.
Maar nu rook ik niet meer.

La disturbo se fumo?
No, affatto.
Non mi disturba.

Stoort het u, als ik rook?
Nee, absoluut niet.
Dat stoort mij niet.

Beve qualcosa?
Un cognac?
No, piuttosto una birra.

Drinkt u iets?
Een cognac?
Nee, liever een biertje.

Lei viaggia molto?
Sì, di solito sono viaggi di affari.
Ma adesso siamo in vacanza.

Reist u veel?
Ja, meestal zijn dat zakenreizen.
Maar nu zijn we hier met vakantie.

Che afa!
Sì, oggi fa veramente caldo.
Andiamo fuori sul balcone.

Wat een hitte!
Ja, vandaag is het echt heet.
Laten we naar het balkon gaan.

Domani c'è una festa.
Ci viene anche Lei?
Sì, anche noi siamo invitati.

Morgen is hier een feestje.
Komt u ook?
Ja, we zijn ook uitgenodigd.

23 [ventitré]

Studiare le lingue straniere

23 [drieëntwintig]

Vreemde talen leren

Dove ha imparato lo spagnolo?	Waar heeft u Spaans geleerd?
Sa anche il portoghese?	Kunt u ook Portugees spreken?
Sì, e so anche un po' d'italiano.	Ja, en ik kan ook wat Italiaans.
Trovo che lo parla molto bene.	Ik vind dat u zeer goed spreekt.
Le lingue sono piuttosto simili.	De talen lijken op elkaar.
Riesco a capirle bene.	Ik kan ze goed verstaan.
Ma parlare e scrivere è difficile.	Maar spreken en schrijven is moeilijk.
Faccio ancora molti errori.	Ik maak nog veel fouten.
Per favore, mi corregga sempre.	Wilt u mij alstublieft corrigeren?
La Sua pronuncia è molto buona.	Uw accent is ook zeer goed.
Lei ha un leggero accento.	U heeft een licht accent.
Si può capire da dove viene.	Men hoort waar u vandaan komt.
Qual'è la Sua madrelingua?	Wat is uw moedertaal?
Frequenta un corso di lingue?	Bent u een taalcursus aan het volgen?
Che libro di testo utilizza?	Welk lesmateriaal gebruikt u?
In questo momento non ricordo come si chiama.	Ik weet zo direct niet hoe het heet.
Non mi viene in mente il titolo.	De titel schiet me niet te binnen.
L'ho dimenticato.	Ik ben het vergeten.

24 [ventiquattro]

Appuntamento

24 [vierentwintig]

Afspraak

Hai perso l'autobus?	Heb je de bus gemist?
Ti ho aspettato per mezz'ora.	Ik heb een half uur op je gewacht.
Non hai con te un cellulare?	Heb je geen mobiele telefoon bij je?
La prossima volta sii puntuale!	Wees volgende keer op tijd!
La prossima volta prendi un taxi!	Neem de volgende keer een taxi!
La prossima volta prendi un ombrello!	Neem de volgende keer een paraplu mee!
Domani sono libero.	Morgen ben ik vrij.
Ci vediamo domani?	Zullen we morgen afspreken?
Mi dispiace,domani non posso.	Het spijt me, maar morgen lukt me niet.
Hai già programmi per questo fine settimana?	Heb je al plannen voor dit weekend?
O hai già qualche impegno?	Of heb je al iets afgesproken?
Io propongo di vederci questo fine settimana.	Ik stel voor dat we in het weekend afspreken.
Facciamo un picnic?	Zullen we gaan picknicken?
Andiamo in spiaggia?	Zullen we naar het strand gaan?
Andiamo in montagna?	Zullen we naar de bergen gaan?
Ti passo a prendere in ufficio.	Ik kom je op kantoor ophalen.
Ti passo a prendere a casa.	Ik kom je thuis ophalen.
Ti passo a prendere alla fermata dell'autobus.	Ik kom je op de bushalte ophalen.

25 [venticinque]

In città

25 [vijfentwintig]

In de stad

Vorrei andare alla stazione.
Vorrei andare all'aeroporto.
Vorrei andare in centro.

Ik wil graag naar het station.
Ik wil graag naar de luchthaven.
Ik wil graag naar het centrum van de stad.

Qual è la strada per la stazione?
Qual è la strada per l'aeroporto?
Qual è la strada per il centro?

Hoe kom ik bij het station?
Hoe kom ik bij de luchthaven?
Hoe kom ik in het centrum van de stad?

Ho bisogno di un tassì.
Mi serve una piantina della città.
Mi occorre un albergo.

Ik heb een taxi nodig.
Ik heb een plattegrond nodig.
Ik heb een hotel nodig.

Vorrei noleggiare una macchina.
Ecco la mia carta di credito.
Ecco la mia patente.

Ik wil graag een auto huren.
Hier is mijn kredietkaart.
Hier is mijn rijbewijs.

Cosa c'è da vedere in città?
Vada nel centro storico.
Faccia un giro della città.

Wat is er in de stad te zien?
Ga naar de oude binnenstad.
Maak een stadsrondrit.

Vada al porto.
Faccia un giro al porto.
Quali attrazioni turistiche ci sono ancora?

Ga naar de haven.
Maak een rondvaart in de haven.
Welke andere bezienswaardigheden zijn er behalve deze?

26 [ventisei]

Nella natura

26 [zesentwintig]

In de natuur

Vedi quella torre lì?
Vedi quella montagna lì?
Vedi quel villaggio lì?

Zie je die toren daar?
Zie je die berg daar?
Zie je dat dorp daar?

Vedi quel fiume lì?
Vedi quel ponte lì?
Vedi quel lago lì?

Zie je die rivier daar?
Zie je die brug daar?
Zie je dat meer daar?

Questo uccello qui mi piace.
Quest'albero qui mi piace.
Questa pietra qui mi piace.

Die vogel vind ik mooi.
Die boom vind ik mooi.
Deze steen vind ik mooi.

Questo parco qui mi piace.
Questo giardino qui mi piace.
Questo fiore qui mi piace.

Dat park vind ik mooi.
Die tuin vind ik mooi.
Deze bloem vind ik mooi.

Lo trovo carino.
Lo trovo interessante.
Lo trovo meraviglioso.

Ik vind dat mooi.
Ik vind dat interessant.
Ik vind dat prachtig.

Lo trovo brutto.
Lo trovo noioso.
Lo trovo orribile.

Ik vind dat lelijk.
Ik vind dat saai.
Ik vind dat vreselijk.

27 [ventisette]

In Hotel - Arrivo

27 [zevenentwintig]

In het hotel - aankomst

Ha una camera libera?
Ho prenotato una camera.
Mi chiamo Müller.

Heeft u een kamer vrij?
Ik heb een kamer gereserveerd.
Mijn naam is Müller.

Ho bisogno di una camera singola.
Ho bisogno di una camera doppia.
Quanto costa la camera a notte?

Ik heb een eenpersoonskamer nodig.
Ik heb een tweepersoonskamer nodig.
Hoeveel kost de kamer per nacht?

Vorrei una camera con bagno.
Vorrei una camera con doccia.
Posso vedere la camera?

Ik wil graag een kamer met bad.
Ik wil graag een kamer met douche.
Kan ik de kamer zien?

C'è un garage qui?
C'è una cassaforte qui?
C'è un fax qui?

Is er hier een garage?
Is er hier een safe?
Is er hier een fax?

Bene, prendo la camera.
Ecco le chiavi.
Ecco i miei bagagli.

Goed, ik neem de kamer.
Hier zijn de sleutels.
Hier is mijn bagage.

A che ora c'è la colazione?
A che ora c'è il pranzo?
A che ora c'è la cena?

Hoe laat is het ontbijt?
Hoe laat is de lunch?
Hoe laat is het avondeten?

28 [ventotto]

In Hotel - Lamentele

28 [achtentwintig]

In het hotel - klachten

La doccia non funziona.
Non c'è acqua calda.
Può farla riparare?

De douche werkt niet.
Er komt geen warm water.
Kunt u dat laten repareren?

Nella stanza non c'è il telefono.
Nella stanza non c'è il televisore.
La stanza non ha la terrazza.

Er is geen telefoon in de kamer.
Er is geen televisie in de kamer.
De kamer heeft geen balkon.

Nella camera c'è troppo rumore.
La camera è troppo piccola.
La camera è troppo scura.

De kamer is te lawaaierig.
De kamer is te klein.
De kamer is te donker.

Il riscaldamento non funziona.
L'aria condizionata non funziona.
Il televisore è guasto.

De verwarming doet het niet.
De airconditioning doet het niet.
De televisie is stuk.

Questa non mi piace.
Questa è troppo cara.
Avete qualcosa di più economico?

Dat bevalt me niet.
Dat is me te duur.
Heeft u iets goedkopers?

C'è un ostello della gioventù qui vicino?
C'è una pensione qui vicino?
C'è un ristorante qui vicino?

Is er hier in de buurt een jeugdherberg?
Is er hier in de buurt een pension?
Is er hier in de buurt een restaurant?

29 [ventinove]

Al ristorante 1

29 [negenentwintig]

In het restaurant 1

È libero questo tavolo?
Vorrei il menu, per favore.
Che cosa mi può raccomandare?

Is deze tafel vrij?
Mag ik de kaart, alstublieft?
Wat kunt u aanbevelen?

Vorrei una birra.
Vorrei una minerale.
Vorrei un'aranciata.

Ik wil graag een biertje.
Ik wil graag mineraalwater.
Ik wil graag sinaasappelsap.

Vorrei un caffè.
Vorrei un caffè macchiato.
Con lo zucchero, per favore.

Ik wil graag koffie.
Ik wil graag koffie met melk.
Met suiker, alstublieft.

Vorrei un tè.
Vorrei un tè al limone.
Vorrei un tè con latte.

Ik wil graag thee.
Ik wil graag thee met citroen.
Ik wil graag thee met melk.

Ha delle sigarette?
Ha un portacenere?
Ha da accendere?

Heeft u sigaretten?
Heeft u een asbak?
Heeft u een vuurtje?

Mi manca una forchetta.
Mi manca un coltello.
Mi manca un cucchiaio.

Ik heb geen vork.
Ik heb geen mes.
Ik heb geen lepel.

30 [trenta]

Al ristorante 2

30 [dertig]

In het restaurant 2

Un succo di mela, per favore.
Una limonata, per favore.
Un succo di pomodoro, per favore.

Een appelsap, alstublieft.
Een limonade, alstublieft.
Een tomatensap, alstublieft.

Vorrei un bicchiere di vino rosso.
Vorrei un bicchiere di vino bianco.
Vorrei una bottiglia di spumante.

Ik wil graag een glas rode wijn.
Ik wil graag een glas witte wijn.
Ik wil graag een fles champagne.

Ti piace il pesce?
Ti piace il manzo?
Ti piace la carne di maiale?

Houd je van vis?
Houd je van rundvlees?
Houd je van varkensvlees?

Vorrei qualcosa senza carne.
Vorrei un piatto di verdura.
Vorrei un piatto veloce.

Ik wil graag iets zonder vlees.
Ik wil graag een groenteschotel.
Ik wil graag iets wat niet lang duurt.

Lo vuole con il riso?
Lo vuole con la pasta?
Lo vuole con le patate?

Wilt u dat met rijst?
Wilt u dat met pasta?
Wilt u dat met aardappelen?

Questo non mi piace.
Il cibo è freddo.
Questo non l'ho ordinato io.

Dit smaakt niet best.
Het eten is koud.
Dit heb ik niet besteld.

31 [trentuno]

Al ristorante 3

31 [eenendertig]

In het restaurant 3

Vorrei un antipasto.
Vorrei un'insalata.
Vorrei una minestra.

Ik wil graag een voorgerecht.
Ik wil graag een salade.
Ik wil graag soep.

Vorrei un dessert.
Vorrei un gelato con panna.
Vorrei della frutta o del formaggio.

Ik wil graag een toetje.
Ik wil graag ijs met slagroom.
Ik wil graag fruit of kaas.

Vogliamo fare colazione.
Vogliamo pranzare.
Vogliamo cenare.

Wij willen graag ontbijten.
Wij willen graag lunchen.
Wij willen graag dineren.

Che cosa volete a colazione?
Panini con marmellata e miele?
Toast con salumi e formaggio?

Wat wilt u als ontbijt?
Broodjes met jam en honing?
Toast met worst en kaas?

Un uovo sodo?
Un uovo all'occhio di bue?
Una frittata?

Een gekookt ei?
Een spiegelei?
Een omelet?

Ancora uno yogurt, per favore.
Ancora sale e pepe, per favore.
Ancora un bicchiere d'acqua, per favore.

Nog een yoghurt, alstublieft.
Graag nog zout en peper.
Nog een glas water, alstublieft.

32 [trentadue]

Al ristorante 4

32 [tweeëndertig]

In het restaurant 4

Una porzione di patatine con ketchup.
E due porzioni con maionese.
E tre porzioni di salsiccia con senape.

Eén patat / pakje frieten met ketchup.
En twee met mayonaise.
En drie keer braadworst met mosterd.

Che verdure avete?
Avete fagioli?
Avete cavolfiore?

Wat voor groenten heeft u?
Heeft u bonen?
Heeft u bloemkool?

Mi piace molto il mais.
Mi piacciono molto i cetrioli.
Mi piacciono molto i pomodori.

Ik eet graag maïs.
Ik eet graag komkommer.
Ik eet graag tomaten.

Piace anche a Lei il porro?
Piacciono anche a Lei i crauti?
Piacciono anche a Lei le lenticchie?

Eet u ook graag prei?
Eet u ook graag zuurkool?
Eet u ook graag linzen?

Piacciono anche a te le carote?
Piacciono anche a te i broccoli?
Piacciono anche a te i peperoni?

Eet je ook graag wortelen?
Eet je ook graag broccoli?
Eet je ook graag paprika?

Non mi piacciono le cipolle.
Non mi piacciono le olive.
Non mi piacciono i funghi.

Ik houd niet van uien.
Ik houd niet van olijven.
Ik houd niet van paddestoelen.

33 [trentatré]

In stazione

33 [drieëndertig]

In het station

Quando parte il prossimo treno per Berlino?
Quando parte il prossimo treno per Parigi?
Quando parte il prossimo treno per Londra?

Wanneer gaat de volgende trein naar Berlijn?
Wanneer gaat de volgende trein naar Parijs?
Wanneer gaat de volgende trein naar Londen?

A che ora parte il treno per Varsavia?
A che ora parte il treno per Stoccolma?
A che ora parte il treno per Budapest?

Hoe laat gaat de trein naar Warschau?
Hoe laat gaat de trein naar Stockholm?
Hoe laat gaat de trein naar Boedapest?

Vorrei un biglietto per Madrid.
Vorrei un biglietto per Praga.
Vorrei un biglietto per Berna.

Ik wil graag een kaartje naar Madrid.
Ik wil graag een kaartje naar Praag.
Ik wil graag een kaartje naar Bern.

A che ora arriva il treno a Vienna?
A che ora arriva il treno a Mosca?
A che ora arriva il treno a Amsterdam?

Wanneer komt de trein in Wenen aan?
Wanneer komt de trein in Moskou aan?
Wanneer komt de trein in Amsterdam aan?

Devo cambiare?
Da quale binario parte il treno?
C'è un vagone letto nel treno?

Moet ik overstappen?
Vanaf welk perron vertrekt de trein?
Zijn er slaapwagens in de trein?

Solo andata per Bruxelles.
Solo ritorno per Copenaghen.
Quanto costa un posto nel vagone letto?

Ik wil graag een enkeltje naar Brussel.
Ik wil graag een retourtje Kopenhagen.
Hoeveel kost een plaats in de slaapwagen?

34 [trentaquattro]

Sul treno

34 [vierendertig]

In de trein

È questo il treno per Berlino?
Quando parte il treno?
Quando arriva il treno a Berlino?

Is dat de trein naar Berlijn?
Wanneer vertrekt de trein?
Wanneer komt de trein in Berlijn aan?

Scusi, mi fa passare?
Credo che questo sia il mio posto.
Credo che Lei sia seduta al mio posto.

Pardon, mag ik er langs?
Ik denk dat dat mijn plaats is.
Ik geloof dat u op mijn plaats zit.

Dov'è il vagone letto?
Il vagone letto è in coda al treno.
E dov'è il vagone ristorante? In cima al treno.

Waar is de slaapwagen?
De slaapwagen is aan het eind van de trein.
En waar is de restauratiewagen? - Aan het begin.

Posso dormire sotto?
Posso dormire al centro?
Posso dormire sopra?

Mag ik beneden slapen?
Mag ik in het midden slapen?
Mag ik boven slapen?

Quando arriveremo alla frontiera?
Quanto dura il viaggio fino a Berlino?
È in ritardo il treno?

Wanneer zijn we bij de grens?
Hoe lang duurt de reis naar Berlijn?
Heeft de trein vertraging?

Ha qualcosa da leggere?
Si può avere qualcosa da mangiare e da bere?
Mi potrebbe svegliare alle sette?

Heeft u iets te lezen?
Kun je hier iets te eten en te drinken krijgen?
Kunt u mij om 7.00 uur wekken?

35 [trentacinque]

All' aeroporto

35 [vijfendertig]

Op het vliegveld

Vorrei prenotare un volo per Atene.
È un volo diretto?
Per favore un posto vicino al finestrino, non fumatori.

Ik wil graag een vlucht naar Athene boeken.
Is dat een directe vlucht?
Een plaats bij het raam, alstublieft, niet-rokers.

Vorrei confermare la mia prenotazione.
Vorrei annullare la mia prenotazione.
Vorrei cambiare la mia prenotazione.

Ik wil graag mijn reservering bevestigen.
Ik wil graag mijn reservering annuleren.
Ik wil graag mijn reservering omboeken.

Quando parte il prossimo aereo per Roma?
Ci sono ancora due posti liberi?
No, abbiamo solo un posto libero.

Wanneer gaat het volgende toestel naar Rome?
Zijn er nog twee plaatsen vrij?
Nee, wij hebben nog maar één plaats vrij.

Quando atterriamo?
Quando arriviamo?
Quando parte l'autobus per il centro?

Wanneer landen we?
Wanneer zijn we er?
Wanneer rijdt er een bus naar het centrum van de stad?

È Sua questa valigia?
È Sua questa borsa?
È Suo questo bagaglio?

Is dat uw koffer?
Is dat uw tas?
Is dat uw bagage?

Quanto bagaglio posso portare?
Venti chili.
Come, solo venti chili?

Hoeveel bagage mag ik meenemen?
Twintig kilo.
Wat, maar twintig kilo?

36 [trentasei]

Trasporti pubblici

36 [zesendertig]

Openbaar vervoer

Dov'è la fermata dell'autobus?
Quale autobus va in centro?
Che linea devo prendere?

Waar is de bushalte?
Welke bus rijdt er naar het centrum?
Welke bus moet ik nemen?

Devo cambiare?
Dove devo cambiare?
Quanto costa un biglietto?

Moet ik overstappen?
Waar moet ik overstappen?
Hoeveel kost een kaartje?

Quante fermate ci sono fino in centro?
Deve scendere qui.
Deve scendere dietro.

Hoeveel haltes zijn het naar het centrum?
U moet hier uitstappen.
U moet achteraan uitstappen.

La prossima metropolitana arriva fra cinque minuti.
Il prossimo tram passa fra dieci minuti.
Il prossimo autobus passa fra quindici minuti.

De volgende metro komt over 5 minuten.
De volgende tram komt over 10 minuten.
De volgende bus komt over 15 minuten.

Quando parte l'ultima metropolitana?
Quando parte l'ultimo tram?
Quando parte l'ultimo autobus?

Wanneer gaat de laatste metro?
Wanneer gaat de laatste tram?
Wanneer gaat de laatste bus?

Ha il biglietto?
Il biglietto? - No, non ce l'ho.
Allora deve pagare la multa.

Heeft u een kaartje?
Een kaartje? - Nee, ik heb geen kaartje.
Dan moet u een boete betalen.

37 [trentasette]

In viaggio

37 [zevenendertig]

Onderweg

Lui va in motocicletta.
Lui va in bicicletta.
Lui va a piedi.

Hij rijdt op zijn motorfiets.
Hij rijdt op zijn fiets.
Hij gaat te voet.

Lui va con la nave.
Lui va in barca.
Lui nuota.

Hij vaart met het schip.
Hij vaart met de boot.
Hij zwemt.

È pericoloso qui?
È pericoloso fare l'autostop da soli?
È pericoloso passeggiare da soli di notte?

Is het hier gevaarlijk?
Is het gevaarlijk om alleen te liften?
Is het gevaarlijk om 's nachts te gaan wandelen?

Ci siamo persi.
Abbiamo sbagliato strada.
Dobbiamo tornare indietro.

Wij zijn verkeerd gereden.
Wij zitten op de verkeerde weg.
Wij moeten omkeren.

Dove possiamo parcheggiare?
C'è un parcheggio?
Per quanto tempo si può lasciare la macchina parcheggiata?

Waar mag je hier parkeren?
Is er hier een parkeerplaats?
Hoe lang kun je hier parkeren?

Lei scia?
Sale con lo skilift?
Si possono noleggiare degli sci?

Skiet u?
Gaat u met de skilift naar boven?
Kun je hier ski's huren?

38 [trentotto]

In taxi/tassì

38 [achtendertig]

In de taxi

Mi chiami un tassì, per favore.	Kunt u een taxi bestellen?
Quanto costa fino alla stazione?	Hoeveel kost het naar het station?
Quanto costa fino all'aeroporto?	Hoeveel kost het naar de luchthaven?
Sempre diritto, prego.	Rechtdoor alstublieft.
Qui giri destra, per favore.	Hier naar rechts, alstublieft.
All'angolo giri a sinistra, per favore.	Daar op de hoek naar links, alstublieft.
Ho fretta.	Ik heb haast.
Ho tempo.	Ik heb tijd.
Vada più piano, per favore.	Kunt u wat langzamer rijden?
Si fermi qui, per favore.	Stopt u hier, alstublieft.
Aspetti un momento, per favore.	Wacht u alstublieft een ogenblik.
Ritorno subito.	Ik ben zo terug.
Mi dia la ricevuta, per favore.	Mag ik een betalingsbewijs?
Non ho spiccioli.	Ik heb geen kleingeld.
Va bene così, il resto è per Lei.	Laat maar zitten, de rest is voor u.
Mi porti a questo indirizzo.	Kunt u me naar dit adres brengen?
Mi porti al mio albergo.	Kunt u me naar mijn hotel brengen?
Mi porti alla spiaggia.	Kunt u me naar het strand brengen?

39 [trentanove]

Guasto alla macchina

39 [negenendertig]

Autopech

Dov'è il prossimo distributore di benzina?
Ho bucato.
Può cambiare la ruota?

Waar is het volgende tankstation?
Ik heb een lekke band.
Kunt u het wiel verwisselen?

Mi occorrono alcuni litri di gasolio.
Ho finito la benzina.
Ha un bidone di riserva?

Ik heb een paar liter diesel nodig.
Ik heb geen benzine meer.
Heeft u een jerrycan?

Dove posso telefonare?
Ho bisogno di un autosoccorso.
Cerco un'officina.

Waar kan ik telefoneren?
Ik heb een takeldienst nodig.
Ik zoek een garage.

C'è stato un incidente.
Dov'è il telefono più vicino?
Ha un cellulare?

Er is een ongeluk gebeurd.
Waar is de dichtbijzijnde telefoon?
Heeft u een telefoon bij u?

Ci occorre aiuto.
Chiami un medico!
Chiami la polizia!

Wij hebben hulp nodig.
Bel een dokter!
Bel de politie!

I documenti, per favore.
La patente, per favore.
Il libretto di circolazione, per favore.

Uw papieren, alstublieft.
Uw rijbewijs, alstublieft.
Uw kentekenbewijs, alstublieft.

40 [quaranta]

Chiedere indicazioni

40 [veertig]

De weg vragen

Mi scusi!
Mi può aiutare?
C'è un buon ristorante da queste parti?

Pardon!
Kunt u mij helpen?
Is er een goed restaurant in de buurt?

Qui all'angolo giri a sinistra.
Poi segua dritto per un po'.
Dopo cento metri giri a destra.

Ga links de hoek om.
Dan gaat u een stuk rechtdoor.
Dan houdt u honderd meter rechts aan.

Può anche prendere l'autobus.
Può anche prendere il tranvia.
Può anche seguirmi in macchina.

U kunt ook de bus nemen.
U kunt ook de tram nemen.
U kunt mij ook met uw auto volgen.

Come arrivo allo stadio?
Attraversi il ponte!
Passi il tunnel!

Hoe kom ik bij het voetbalstadion?
U steekt de brug over!
U gaat door de tunnel!

Segua fino al terzo semaforo.
Prenda la prima strada a destra.
Poi al prossimo incrocio continui dritto.

U rijdt door tot aan het derde verkeerslicht.
Dan slaat u de eerste straat rechtsaf.
Dan rijdt u rechtdoor over het volgende kruispunt.

Scusi, come arrivo all'aeroporto?
È meglio se prende la metropolitana.
Arrivi fino all'ultima fermata.

Sorry, hoe kom ik bij het vliegveld?
U kunt beter met de metro gaan.
U rijdt gewoon tot het eindstation.

41 [quarantuno]

41 [eenenveertig]

Orientamento

De weg wijzen

Dove si trova l'ente per il turismo?
Ha una pianta della città per me?
Si può prenotare una camera qui?

Waar is het VVV kantoor?
Heeft u een plattegrond voor mij?
Kun je hier een hotel reserveren?

Dov'è il centro storico?
Dov'è il duomo?
Dov'è il museo?

Waar is het oude stadscentrum?
Waar is de Dom?
Waar is het museum?

Dove si possono comprare francobolli?
Dove si possono comprare fiori?
Dove si possono comprare biglietti?

Waar kan je postzegels kopen?
Waar kan je bloemen kopen?
Waar kan je treinkaartjes kopen?

Dov'è il porto?
Dov'è il mercato?
Dov'è il castello?

Waar is de haven?
Waar is de markt?
Waar is het kasteel?

Quando comincia la visita guidata?
Quando finisce la visita guidata?
Quanto dura la visita guidata?

Wanneer begint de rondleiding?
Wanneer eindigt de rondleiding?
Hoe lang duurt de rondleiding?

Vorrei una guida che parli tedesco.
Vorrei una guida che parli italiano.
Vorrei una guida che parli francese.

Ik wil graag een gids die Duits spreekt.
Ik wil graag een gids die Italiaans spreekt.
Ik wil graag een gids die Frans spreekt.

42 [quarantadue]

Visita della città

42 [tweeënveertig]

Stadsbezoek

È aperto il mercato la domenica?	Is de markt zondags geopend?
È aperta la fiera il lunedì?	Is de beurs 's maandags geopend?
È aperta l'esposizione il martedì?	Is de tentoonstelling dinsdags geopend?
È aperto lo zoo il mercoledì?	Is de dierentuin 's woensdags geopend?
È aperto il museo il giovedì?	Is het museum donderdags geopend?
È aperta la galleria il venerdì?	Is de galerie vrijdags geopend?
È permesso fotografare?	Mag men foto's maken?
Si deve pagare l'ingresso?	Moet men toegang betalen?
Quanto costa l'ingresso?	Wat is de toegangsprijs?
C'è uno sconto per gruppi?	Is er korting voor groepen?
C'è uno sconto per bambini?	Is er korting voor kinderen?
C'è uno sconto per studenti?	Is er korting voor studenten?
Di che edificio si tratta?	Wat voor een gebouw is dat?
Quando è stato costruito questo edificio?	Hoe oud is dat gebouw?
Chi l'ha costruito?	Wie heeft dat gebouw gebouwd?
Mi interesso di architettura.	Ik interesseer me voor architectuur.
Mi interesso di arte.	Ik interesseer me voor kunst.
Mi interesso di pittura.	Ik interesseer me voor schilderkunst.

43 [quarantatré]

Allo zoo

43 [drieënveertig]

In de dierentuin

Lì c'è lo zoo.
Lì ci sono le giraffe.
Dove sono gli orsi?

Dove sono gli elefanti?
Dove sono i serpenti?
Dove sono i leoni?

Io ho una macchina fotografica.
Io ho anche una telecamera.
Dove trovo una batteria?

Dove sono i pinguini?
Dove sono i canguri?
Dove sono i rinoceronti?

Dove sono i servizi?
Lì c'è una caffetteria.
Lì c'è un ristorante.

Dove sono i cammelli?
Dove sono i gorilla e le zebre?
Dove sono le tigri ed i coccodrilli?

Daar is de dierentuin.
Daar zijn de giraffen.
Waar zijn de beren?

Waar zijn de olifanten?
Waar zijn de slangen?
Waar zijn de leeuwen?

Ik heb een fototoestel.
Ik heb ook een video camera.
Waar zijn de batterijen?

Waar zijn de pinguïns?
Waar zijn de kangoeroes?
Waar zijn de neushoorns?

Waar is het toilet?
Daar is een café.
Daar is een restaurant.

Waar zijn de kamelen?
Waar zijn de gorilla's en de zebra's?
Waar zijn de tijgers en de krokodillen?

44 [quarantaquattro]

Uscire la sera

44 [vierenveertig]

's Avonds uitgaan

C'è una discoteca qui vicino?
C'è un locale notturno qui vicino?
C'è una taverna qui vicino?

Is hier een discotheek?
Is hier een nachtclub?
Is hier een kroeg?

Cosa c'è stasera a teatro?
Cosa c'è stasera al cinema?
Cosa c'è stasera alla televisione?

Wat speelt er vanavond in de schouwburg?
Wat draait er vanavond in de bioscoop?
Wat is er vanavond op televisie?

Ci sono ancora biglietti per il teatro?
Ci sono ancora biglietti per il cinema?
Ci sono ancora biglietti per la partita?

Zijn er nog kaartjes voor het theater?
Zijn er nog kaartjes voor de bioscoop?
Zijn er nog kaartjes voor de voetbalwedstrijd?

Voglio sedermi proprio in fondo.
Voglio sedermi in un posto al centro.
Voglio sedermi in prima fila.

Ik wil graag helemaal achterin zitten.
Ik wil graag ergens in het midden zitten.
Ik wil graag helemaal vooraan zitten.

Che cosa mi può consigliare?
Quando comincia lo spettacolo?
Può procurarmi un biglietto?

Kunt u mij iets aanbevelen?
Wanneer begint de voorstelling?
Kunt u voor een kaartje zorgen?

C'è un campo da golf qui vicino?
C'è un campo da tennis qui vicino?
C'è una piscina qui vicino?

Is er hier in de buurt een golfbaan?
Is er hier in de buurt een tennisbaan?
Is er hier in de buurt een overdekt zwembad?

45 [quarantacinque]

Al cinema

45 [vijfenveertig]

In de bioscoop

Vogliamo andare al cinema.
Oggi danno un bel film.
Il film è appena uscito.

We willen naar de bioscoop.
Vandaag draait er een goede film.
De film is helemaal nieuw.

Dov'è la cassa?
Ci sono ancora posti liberi?
Quanto costano i biglietti?

Waar is de kassa?
Zijn er nog plaatsen vrij?
Hoeveel kosten de kaartjes?

Quando comincia lo spettacolo?
Quanto dura il film?
Si possono riservare dei biglietti?

Wanneer begint de voorstelling?
Hoe lang duurt de film?
Kan men ook kaartjes reserveren?

Io vorrei sedermi dietro.
Io vorrei sedermi davanti.
Io vorrei sedermi al centro.

Ik wil graag achterin zitten.
Ik wil graag vooraan zitten.
Ik wil graag in het midden zitten.

Il film è stato emozionante.
Il film non era noioso.
Ma il libro sul film era meglio.

De film was spannend.
De film was niet saai.
Maar het boek was beter dan de film.

Com'era la colonna sonora?
Com'erano gli attori?
C'erano i sottotitoli in inglese?

Hoe was de muziek?
Hoe waren de acteurs?
Waren er Engelse ondertitels?

46 [quarantasei]

In discoteca

46 [zesenveertig]

In de discotheek

È libero questo posto?
Posso sedermi accanto a voi?
Volentieri.

Is deze plaats vrij?
Mag ik bij u komen zitten?
Graag.

Le piace questa musica?
È un po' troppo forte.
Ma il complesso suona bene.

Hoe vindt u die muziek?
Een beetje te hard.
Maar de band speelt heel goed.

Viene spesso qui?
No, è la prima volta.
Non ci ero mai stato.

Komt u vaker hier?
Nee, dit is de eerste keer.
Ik ben hier nog nooit geweest.

Balla?
Forse più tardi.
Non so ballare molto bene.

Danst u?
Later misschien.
Ik kan niet zo goed dansen.

È molto semplice.
Glielo faccio vedere / insegno io.
No, forse un'altra volta.

Dat is heel eenvoudig.
Ik laat het u zien.
Nee, liever een andere keer.

Sta aspettando qualcuno?
Sì, il mio amico.
Eccolo che viene!

Wacht u op iemand?
Ja, op mijn vriend.
Daar komt hij net aan!

47 [quarantasette]

Preparativi del viaggio

47 [zevenenveertig]

Een reis voorbereiden

Devi preparare le nostre valigie!
Non devi dimenticare nulla/niente!
Hai bisogno di una grande valigia!

Je moet onze koffer inpakken!
Je mag niets vergeten!
Je hebt een grote koffer nodig!

Non dimenticare il passaporto!
Non dimenticare il biglietto!
Non dimenticare i assegni turistici!

Vergeet je paspoort niet!
Vergeet je vliegticket niet!
Vergeet je reischeques niet!

Portati la crema solare.
Portati gli occhiali da sole.
Portati il cappello per il sole.

Neem zonnecrême mee.
Neem je zonnebril mee.
Neem je zonnehoed mee.

Vuoi portarti una cartina stradale?
Vuoi portarti una guida?
Vuoi portarti un ombrello?

Wil je een plattegrond meenemen?
Wil je een reisgids meenemen?
Wil je een paraplu meenemen?

Non dimenticare i pantaloni, le camicie e i calzini.
Non dimenticare le cravatte, le cinture e le giacche.
Non dimenticare i pigiami, le camicie da notte e le magliette.

Vergeet de broeken, de hemden, en de sokken niet.
Vergeet de dassen, de riemen, en de colberts niet.
Vergeet de pyjama's, de nachthemden, en de T-shirts niet.

Hai bisogno di scarpe, sandali e stivali.
Hai bisogno di fazzoletti di carta, sapone e del tagliaunghie.
Hai bisogno di un pettine, uno spazzolino e del dentifricio.

Je hebt schoenen, sandalen en laarzen nodig.
Je hebt zakdoeken, zeep en een nagelschaar nodig.
Je hebt een kam, een tandenborstel, en tandpasta nodig.

48 [quarantotto]

Attività in vacanza

48 [achtenveertig]

Vakantieactiviteiten

È pulita la spiaggia?	Is het strand schoon?
Si può fare il bagno?	Kan men daar zwemmen?
Non è pericoloso fare il bagno li?	Is het niet gevaarlijk om daar te zwemmen?
Si può noleggiare un ombrellone?	Kun je hier een parasol huren?
Si può noleggiare una sdraio?	Kun je hier een ligstoel huren?
Si può noleggiare una barca?	Kun je hier een boot huren?
Mi piacerebbe fare windsurf.	Ik zou graag willen surfen.
Mi piacerebbe fare immersione subacquea.	Ik zou graag willen duiken.
Mi piacerebbe fare dello sci nautico.	Ik zou graag willen waterskiën.
Si può noleggiare un windsurf?	Kun je een surfplank huren?
Si può noleggiare un'attrezzatura per sommozzatori?	Kun je een duikuitrusting huren?
Si possono noleggiare degli sci d'acqua?	Kun je waterski's huren?
Sono ancora principiante.	Ik ben nog maar een beginneling.
Sono di livello medio.	Ik hoor bij de middelmaat.
Me la cavo.	Dat kan ik goed.
Dov'è la sciovia?	Waar is de skilift?
Hai portato gli sci?	Heb je dan ski's bij je?
Hai portato gli scarponi da sci?	Heb je dan skischoenen bij je?

49 [quarantanove]

Sport

49 [negenenveertig]

Sport / Fitness

Fai dello sport?
Si, devo fare del movimento.
Vado in una società sportiva.

Sport jij?
Ja, ik moet bewegen.
Ik ga naar een sportschool.

Giochiamo a calcio.
Qualche volta nuotiamo.
Oppure andiamo in bicicletta.

We spelen voetbal.
We zwemmen af en toe.
Of we fietsen.

Nella nostra città c'è uno stadio.
C'è anche una piscina con la sauna.
E c'è un campo da golf.

Er is een voetbalstadion in onze stad.
Er is ook een zwembad met sauna.
En een golfbaan.

Cosa c'è in televisione?
Stanno dando una partita di pallone.
La squadra tedesca sta giocando contro quella inglese.

Wat is er op televisie?
Er is momenteel een voetbalwedstrijd aan de gang.
Het Duitse elftal speelt tegen het Engelse.

Chi vince?
Non ne ho idea.
Al momento sono pari.

Wie is er aan het winnen?
Ik heb geen idee.
Momenteel spelen ze gelijk.

L'arbitro viene dal Belgio.
Adesso c'è un rigore.
Gol! Uno a zero!

De scheidsrechter komt uit België.
Dit is een strafschop.
Goal! Een - nul!

50 [cinquanta]

In piscina

50 [vijftig]

In het zwembad

Oggi fa caldo.
Andiamo in piscina?
Hai voglia di andare a nuotare?

Het is heet vandaag.
Laat ons naar het zwembad gaan.
Heb je zin om te zwemmen?

Hai un asciugamano?
Hai un costume da bagno? (da uomo)
Hai un costume da bagno? (da donna)

Heb je een handdoek?
Heb je een zwembroek?
Heb je een badpak?

Sai nuotare?
Sai andare sott'acqua?
Sai tuffarti in acqua?

Kun je zwemmen?
Kun je duiken?
Kun je in het water springen?

Dov'è la doccia?
Dov'è lo spogliatoio?
Dove sono gli occhialini?

Waar is de douche?
Waar is het kleedhokje?
Waar is de zwembril?

È fonda l'acqua?
È pulita l'acqua?
È calda l'acqua?

Is het water diep?
Is het water schoon?
Is het water warm?

Ho freddo.
L'acqua è troppo fredda.
Io ora esco dall'acqua.

Ik heb het koud.
Het water is te koud.
Ik ga nu uit het water.

51 [cinquantuno]

Fare spese

51 [eenenvijftig]

Boodschappen doen

Voglio andare in biblioteca.
Voglio andare in libreria.
Voglio andare all'edicola.

Ik wil naar de bibliotheek.
Ik wil naar de boekhandel.
Ik wil naar de krantenwinkel.

Voglio prendere in prestito un libro.
Voglio comprare un libro.
Voglio comprare un giornale.

Ik wil een boek lenen.
Ik wil een boek kopen.
Ik wil een krant kopen.

Voglio andare in biblioteca per prendere in prestito un libro.
Voglio andare in libreria per comprare un libro.
Voglio andare all'edicola per comprare un giornale.

Ik wil naar de bibliotheek om een boek te lenen.
Ik wil naar de boekhandel om een boek te kopen.
Ik wil naar de krantenwinkel om een krant te kopen.

Voglio andare dall'ottico.
Voglio andare al supermercato.
Voglio andare dal fornaio.

Ik wil naar de opticien.
Ik wil naar de supermarkt.
Ik wil naar de bakker.

Voglio comprare degli occhiali.
Voglio comprare frutta e verdura.
Voglio comprare panini e pane.

Ik wil een bril kopen.
Ik wil groenten en fruit kopen.
Ik wil broodjes en brood kopen.

Voglio andare dall'ottico per comprare degli occhiali.
Voglio andare al supermercato per comprare frutta e verdura.
Voglio andare dal fornaio per comprare panini e pane.

Ik wil naar de opticiën om een bril te kopen.
Ik wil naar de supermarkt om groenten en fruit te kopen.
Ik wil naar de bakker om broodjes en brood te kopen.

52 [cinquantadue]

Al centro commerciale

52 [tweeënvijftig]

In het winkelcentrum

Andiamo in un centro commerciale?
Devo fare spese.
Voglio fare molti acquisti.

Zullen we naar een winkelcentrum gaan?
Ik moet gaan winkelen.
Ik wil veel inkopen.

Dove sono gli articoli da ufficio?
Ho bisogno di buste e carta da lettere.
Ho bisogno di penne e pennarelli.

Waar zijn de kantoorartikelen?
Ik heb enveloppen en briefpapier nodig.
Ik heb pennen en viltstiften nodig.

Dove sono i mobili?
Ho bisogno di un armadio e di un comò.
Ho bisogno di una scrivania e di uno scaffale.

Waar zijn de meubels?
Ik heb een kast en een commode nodig.
Ik heb een bureau en een plank nodig.

Dove sono i giocattoli?
Ho bisogno di una bambola e un orsacchiotto.
Ho bisogno di un pallone e degli scacchi.

Waar is het speelgoed?
Ik heb een pop en een teddybeer nodig.
Ik heb een voetbal en een schaakspel nodig.

Dov'è sono gli attrezzi?/ Dove sono gli utensili?
Ho bisogno di un martello e di pinze.
Ho bisogno di un trapano e di un cacciavite.

Waar is het gereedschap?
Ik heb een hamer en een tang nodig.
Ik heb een boormachine en een schroevendraaier nodig.

Dov'è la gioielleria?
Ho bisogno di una collana e di un braccialetto.
Ho bisogno di un anello e di orecchini.

Waar is de juweliersafdeling?
Ik heb een halsketting en een armband nodig.
Ik heb een ring en oorbellen nodig.

53 [cinquantatré]

53 [drieënvijftig]

Negozi

Winkels

Cerchiamo un negozio di articoli sportivi.
Cerchiamo una macelleria.
Cerchiamo una farmacia.

Wij zoeken een sportwinkel.
Wij zoeken een slagerij.
Wij zoeken een apotheek.

Infatti vogliamo comprare un pallone.
Infatti vogliamo comprare del salame.
Infatti vogliamo comprare delle medicine.

Wij willen namelijk een voetbal kopen.
Wij willen namelijk salami kopen.
Wij willen namelijk medicijnen kopen.

Cerchiamo un negozio di articoli sportivi per comprare un pallone.
Cerchiamo una macelleria per comprare del salame.
Cerchiamo una farmacia per comprare delle medicine.

Wij zoeken een sportwinkel om een voetbal te kopen.
Wij zoeken een slagerij om salami te kopen.
Wij zoeken een apotheek om medicijnen te kopen.

Cerco una gioielleria.
Cerco un fotografo.
Cerco una pasticceria.

Ik zoek een juwelier.
Ik zoek een fotowinkel.
Ik zoek een banketbakkerij.

Infatti ho intenzione di comprare un anello.
Infatti ho intenzione di comprare un rullino.
Infatti ho intenzione di comprare una torta.

Ik ben namelijk van plan een ring te kopen.
Ik ben namelijk van plan een filmpje te kopen.
Ik ben namelijk van plan een taart te kopen.

Cerco una gioielleria per comprare un anello.
Cerco un fotografo per comprare un rullino.
Cerco una pasticceria per comprare una torta.

Ik zoek een juwelier om een ring te kopen.
Ik zoek een fotowinkel om een filmpje te kopen.
Ik zoek een banketbakkerij om een taart te kopen.

54 [cinquantaquattro]

Fare spese

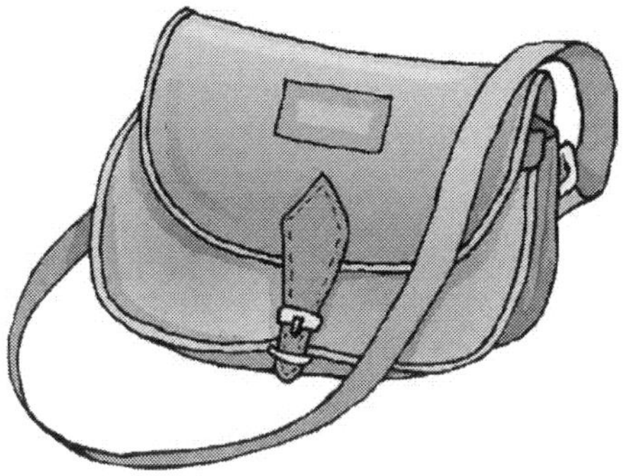

54 [vierenvijftig]

Winkelen

Vorrei comprare un regalo.
Ma niente di troppo caro.
Forse una borsetta?

Ik wil graag een cadeautje kopen.
Maar niet iets al te duurs.
Misschien een handtas?

Di che colore?
Nera, marrone o bianca?
Una grande o una piccola?

Welke kleur wilt u?
Zwart, bruin of wit?
Een grote of een kleine?

Posso vedere un po' questa?
È di pelle?
O è di materiale sintetico?

Mag ik deze eens zien?
Is die van leer?
Of is die van kunststof?

Di pelle naturalmente.
Questa è di ottima qualità.
E la borsetta è veramente a un buon prezzo.

Van leer, natuurlijk.
Dat is een bijzonder goede kwaliteit.
En de tas is echt heel voordelig.

Questa mi piace.
La prendo.
Posso cambiarla eventualmente?

Die vind ik mooi.
Die neem ik.
Kan ik hem eventueel ruilen?

Naturalmente.
Facciamo un pacco regalo.
La cassa è da quella parte.

Vanzelfsprekend.
Wij pakken hem als cadeau in.
Daar is de kassa.

55 [cinquantacinque]

Lavorare

55 [vijfenvijftig]

Werken

Che lavoro fa?
Mio marito è medico.
Lavoro come infermiera part-time.

Wat voor werk doet u?
Mijn man werkt als arts.
Ik werk parttime als verpleegster.

Presto andremo in pensione.
Ma le tasse sono alte.
E l'assicurazione (contro le malattie) è costosa.

Wij zullen gauw ons pensioen ontvangen.
Maar de belastingen zijn hoog.
En de ziektekostenverzekering is duur.

Cosa vorresti fare?
Io vorrei diventare ingegnere.
Io voglio studiare all'università.

Wat wil je worden?
Ik wil graag ingenieur worden.
Ik wil naar de universiteit gaan.

Io sono praticante.
Non guadagno molto.
Faccio un tirocinio all'estero.

Ik ben stagiaire.
Ik verdien niet veel.
Ik loop stage in het buitenland.

Questo è il mio capo.
Ho dei colleghi gentili/simpatici.
A mezzogiorno andiamo sempre in mensa.

Dit is mijn baas.
Ik heb leuke collega's.
We gaan iedere middag naar de kantine.

Cerco un (posto di)lavoro.
Sono disoccupato da un anno ormai.
In questo paese ci sono troppi disoccupati.

Ik ben op zoek naar een baan.
Ik ben al een jaar werkloos.
Er zijn te vele werklozen in dit land.

56 [cinquantasei]

Sentimenti

56 [zesenvijftig]

Gevoelens

aver voglia di
Abbiamo voglia.
Non abbiamo voglia.

zin hebben
Wij hebben zin.
Wij hebben geen zin.

aver paura
Ho paura.
Non ho paura.

bang zijn
Ik ben bang.
Ik ben niet bang.

aver tempo
Lui ha tempo.
Lui non ha tempo.

tijd hebben
Hij heeft tijd.
Hij heeft geen tijd.

annoiarsi
Lei si annoia.
Lei non si annoia.

zich vervelen
Zij verveelt zich.
Zij verveelt zich niet.

aver fame
Avete fame?
Non avete fame?

honger hebben
Hebben jullie honger?
Hebben jullie geen honger?

aver sete
Loro hanno sete.
Loro non hanno sete.

dorst hebben
Zij hebben dorst.
Zij hebben geen dorst.

57 [cinquantasette]

Dal dottore

57 [zevenenvijftig]

Bij de dokter

Ho un appuntamento dal dottore.
Ho l'appuntamento alle dieci.
Come si chiama?

Ik heb een afspraak bij de dokter.
Ik heb om tien uur ('s ochtends) een afspraak.
Wat is uw naam?

Per cortesia, si accomodi nella sala d'attesa.
Il dottore arriva subito.
Che assicurazione ha?

Wilt u in de wachtkamer plaats nemen?
De dokter komt er zo aan.
Bij welke verzekeringsmaatschappij bent u verzekerd?

Che cosa posso fare per Lei?
Prova dei dolori?
Dove Le fa male?

Wat kan ik voor u doen?
Heeft u pijn?
Waar doet het zeer?

Ho sempre dolori alla schiena / mal di schiena.
Ho spesso mal di testa.
Qualche volta ho mal di pancia.

Ik heb altijd rugpijn.
Ik heb vaak hoofdpijn.
Ik heb af en toe buikpijn.

Per favore, si metta a torso nudo!
Si sdrai sul lettino per cortesia!
La pressione è a posto.

Kunt u uw hemd uittrekken?
Gaat u alstublieft op de onderzoekstafel liggen!
Uw bloeddruk is in orde.

Le faccio un'iniezione.
Le prescrivo delle medicine.
Le prescrivo una ricetta per la farmacia.

Ik geef u een injectie.
Ik schrijf u pillen voor.
Ik geef u een recept voor de apotheek.

58 [cinquantotto]

Parti del corpo

58 [achtenvijftig]

Lichaamsdelen

Io disegno un uomo.
Prima la testa.
L'uomo indossa un cappello.

Ik ben een man aan het tekenen.
Eerst het hoofd.
De man draagt een hoed.

Non si vedono i capelli.
Non si vedono neanche le orecchie.
Non si vede neanche la schiena.

Je kan zijn haar niet zien.
Je kan ook zijn oren niet zien.
Je kan ook zijn rug niet zien.

Io disegno gli occhi e la bocca.
L'uomo balla e ride.
L'uomo ha il naso lungo.

Ik ben de ogen en de mond aan het tekenen.
De man danst en lacht.
De man heeft een lange neus.

Lui ha in mano un bastone.
Lui indossa anche una sciarpa intorno al collo.
È inverno e fa freddo.

Hij draagt een stok in zijn handen.
Hij draagt ook een sjaal om zijn nek.
Het is winter en het is koud.

Le braccia sono robuste.
Anche le gambe sono robuste.
L'uomo è fatto di neve.

De armen zijn gespierd.
De benen zijn ook gespierd.
De man is van sneeuw.

Non indossa né pantaloni né cappotto/soprabito.
Ma l'uomo non ha freddo.
È un pupazzo di neve.

Hij draagt geen broek en geen jas.
Maar de man bevriest niet.
Hij is een sneeuwman.

59 [cinquantanove]

Alle poste

59 [negenenvijftig]

Op het postkantoor

Dov'è la posta più vicina?
È lontana la posta?
Dov'è la prossima buca delle lettere?

Waar is het dichtstbijzijnde postkantoor?
Is het ver naar het volgende postkantoor?
Waar is de dichtstbijzijnde brievenbus?

Mi occorrono alcuni francobolli.
Per una cartolina ed una lettera.
Quanto costa un francobollo per l'America?

Ik heb een paar postzegels nodig.
Voor een kaart en een brief.
Hoe duur is de port naar Amerika?

Quanto pesa questo pacco?
Posso spedirlo per posta aerea?
Quanto ci mette ad arrivare?

Hoe zwaar is dat pakket?
Kan ik het per luchtpost sturen?
Hoe lang duurt het voor het aankomt?

Dove posso telefonare?
Dov'è la prossima cabina telefonica?
Ha carte telefoniche?

Waar kan ik telefoneren?
Waar is de dichtstbijzijnde telefooncel?
Heeft u telefoonkaarten?

Ha un elenco telefonico?
Sa il prefisso per l'Austria?
Un momento che guardo.

Heeft u een telefoonboek?
Kent u het landnummer van Oostenrijk?
Een ogenblik, ik zoek het op.

La linea è sempre occupata.
Che numero ha fatto?
Deve fare prima lo zero!

De lijn is steeds bezet.
Welk nummer heeft u gekozen?
U moet eerst een nul kiezen!

60 [sessanta]

In banca

60 [zestig]

In de bank

Vorrei aprire un conto.
Ecco il mio passaporto.
Ed ecco il mio indirizzo.

Ik wil graag een rekening openen.
Hier is mijn paspoort.
En hier is mijn adres.

Vorrei fare un versamento sul mio conto.
Vorrei fare un prelievo dal mio conto.
Vorrei ritirare l'estratto conto.

Ik wil graag geld op mijn rekening storten.
Ik wil graag geld van mijn rekening afhalen.
Ik wil graag de rekeningafschriften afhalen.

Vorrei incassare un assegno / travel check.
Quant'è la tariffa?
Dove devo firmare?

Ik wil graag een reischeque verzilveren.
Hoe hoog zijn de kosten?
Waar moet ik tekenen?

Sto aspettando un bonifico dalla Germania.
Ecco il mio numero di conto.
Sono arrivati i soldi?

Ik verwacht een overschrijving uit Duitsland.
Hier is mijn rekeningnummer.
Is het geld aangekomen?

Vorrei cambiare questi soldi.
Mi occorrono dollari USA.
Per favore mi dia banconote di piccolo taglio.

Ik wil dit geld graag wisselen.
Ik heb amerikaanse dollars nodig.
Kunt u mij kleine biljetten geven?

C'è un bancomat qui?
Quale somma si può prelevare?
Quali carte di credito si accettano?

Is hier een geldautomaat?
Hoeveel geld kun je hier opnemen?
Welke kredietkaarten kun je hier gebruiken?

61 [sessantuno]

Numeri ordinali

61 [eenenzestig]

Ordinaalgetallen

Il primo mese è gennaio.
Il secondo mese è febbraio.
Il terzo mese è marzo.

De eerste maand is januari.
De tweede maand is februari.
De derde maand is maart.

Il quarto mese è aprile.
Il quinto mese è maggio.
Il sesto mese è giugno.

De vierde maand is april.
De vijfde maand is mei.
De zesde maand is juni.

Sei mesi sono mezzo anno.
Gennaio, febbraio, marzo,
aprile, maggio e giugno.

Zes maanden zijn een half jaar.
januari, februari, maart,
april, mei en juni.

Il settimo mese è luglio.
L'ottavo mese è agosto.
Il nono mese è settembre.

De zevende maand is juli.
De achtste maand is augustus.
De negende maand is september.

Il decimo mese è ottobre.
L'undicesimo mese è novembre.
Il dodicesimo mese è dicembre.

De tiende maand is oktober.
De elfde maand is november.
De twaalfde maand is december.

Un anno ha dodici mesi.
Luglio, agosto, settembre,
ottobre, novembre e dicembre.

Twaalf maanden zijn een jaar.
juli, augustus, september,
oktober, november en december.

62 [sessantadue]

Fare domande 1

62 [tweeënzestig]

Vragen stellen 1

Imparare / studiare.
Gli allievi studiano molto?
No, studiano poco.

leren
Leren de leerlingen veel?
Nee, ze leren weinig.

Chiedere
Chiede spesso all'insegnante ?
No, non gli chiedo spesso.

vragen
Vraagt u het vaak aan de leraar?
Nee, ik vraag het hem niet vaak.

Rispondere
Risponda, per favore.
Io rispondo.

antwoorden
Antwoord, a.u.b.
Ik antwoord.

lavorare
Lui sta lavorando ?
Sì, sta lavorando.

werken
Werkt hij nu?
Ja, hij werkt nu.

Venire
Viene?
Sì, vengo subito.

komen
Komt u?
Ja, wij komen zo meteen.

Abitare
Abita a Berlino ?
Sì, abito a Berlino.

wonen
Woont u in Berlijn?
Ja, ik woon in Berlijn.

63 [sessantatré]

Fare domande 2

63 [drieënzestig]

Vragen stellen 2

Ho un hobby.
Gioco a tennis.
Dov'è il campo da tennis?

Ik heb een hobby.
Ik tennis.
Waar is er een tennisbaan?

Hai un hobby?
Gioco a calcio.
Dov'è il campo da calcio?

Heb je een hobby?
Ik voetbal.
Waar is er een voetbalveld?

Mi fa male il braccio.
Mi fanno male anche il piede e la mano.
C'è un dottore?

Mijn arm doet pijn.
Mijn voet en hand doen ook pijn.
Waar is er een dokter?

Ho la macchina.
Io ho anche una moto.
Dove trovo un parcheggio?

Ik heb een auto.
Ik heb ook een motor.
Waar is er een parkeerterrein?

Ho un maglione.
Io ho anche una giacca e un paio di jeans.
Dove trovo una lavatrice?

Ik heb een trui.
Ik heb ook een jas en een jeans.
Waar is de wasmachine?

Io ho un piatto.
Io ho un coltello, una forchetta e un cucchiaio.
Dove sono sale e pepe?

Ik heb een bord.
Ik heb een mes, een vork en een lepel.
Waar zijn de zout en peper?

64 [sessantaquattro]

Negazione 1

Non capisco questa parola.
Non capisco la frase.
Non capisco il significato.

L’insegnante
Capisce l’insegnante?
Sì, lo capisco bene.

L’insegnante
Capisce l’insegnante ?
Sì, la capisco bene.

La gente
Capisce la gente?
No, non la capisco molto bene.

L’amica / la ragazza
Ha un’amica / una ragazza?
Sì, ce l’ho.

La figlia
Ha una figlia?
No, non ne ho.

64 [vierenzestig]

Ontkenning 1

Ik begrijp dat woord niet.
Ik begrijp de zin niet.
Ik begrijp de betekenis niet.

de leraar
Begrijpt u de leraar?
Ja, ik begrijp hem goed.

de lerares
Begrijpt u de lerares?
Ja, ik begrijp haar goed.

de mensen
Verstaat u die mensen?
Nee, ik versta ze niet zo goed.

de vriendin
Heeft u een vriendin?
Ja, ik heb er een.

de dochter
Heeft u een dochter?
Nee, ik heb er geen.

65 [sessantacinque]

Negazione 2

65 [vijfenzestig]

Ontkenning 2

È caro l'anello?	Is de ring duur?
No, costa solo cento Euro.	Nee, hij kost maar honderd euro.
Ma io ne ho solo cinquanta.	Maar ik heb er maar vijftig.
Sei pronto?	Ben je al klaar?
No, non ancora.	Nee, nog niet.
Sono pronto fra un momento.	Maar ik ben zo klaar.
Vorresti ancora della minestra?	Wil je nog soep?
No, non ne voglio più.	Nee, ik wil er geen meer.
Ma ancora un gelato.	Maar nog wel een ijsje.
Abiti qui da tanto tempo?	Woon je hier al lang?
No, solo da un mese.	Nee, pas een maand.
Ma conosco già molta gente.	Maar ik ken al veel mensen.
Vai a casa domani?	Ga je morgen naar huis?
No, solo per il fine settimana.	Nee, pas in het weekend.
Ma io ritorno già domenica.	Maar ik kom zondag al terug.
Tua figlia è già adulta?	Is je dochter al volwassen?
No, ha appena diciassette anni.	Nee, ze is pas zeventien.
Ma lei ha già un amico.	Maar ze heeft al een vriend.

66 [sessantasei]

ronomi possessivi 1

66 [zesenzestig]

Possessief pronomen 1

io - il mio / la mia
Non trovo la mia chiave.
Non trovo il mio biglietto.

ik - mijn
Ik vind mijn sleutel niet.
Ik vind mijn treinkaartje niet.

tu- il tuo/ la tua
Hai trovato la tua chiave?
Hai trovato il tuo biglietto?

jij - jouw / je
Heb je je sleutel gevonden?
Heb je je treinkaartje gevonden?

lui - il suo / la sua
Sai dov'è la sua chiave?
Sai dov'è il suo biglietto?

hij - zijn
Weet je waar zijn sleutel is?
Weet je waar zijn treinkaartje is?

lei - il suo / la sua
Il suo denaro è sparito.
E anche la sua carta di credito non c'è più.

zij - haar
Haar geld is weg.
En haar kredietkaart is ook weg.

noi - il nostro
Il nostro nonno è malato.
La nostra nonna sta bene.

wij - ons
Onze opa is ziek.
Onze oma is gezond.

voi - il vostro
Bambini, dov'è il vostro papà?
Bambini, dov'è la vostra mamma?

jullie - jullie
Kinderen, waar is jullie vader?
Kinderen, waar is jullie moeder?

67 [sessantasette]

Pronomi possessivi 2

67 [zevenenzestig]

Possessief pronomen

gli occhiali
Lui ha dimenticato i suoi occhiali.
Ma dove sono i suoi occhiali?

de bril
Hij is zijn bril vergeten.
Waar ligt zijn bril dan?

l'orologio
Il suo orologio è rotto.
L'orologio è appeso alla parete.

de klok
Zijn horloge is kapot.
De klok hangt aan de muur.

il passaporto
Lui ha perso il suo passaporto.
Ma dov'è il suo passaporto?

het paspoort
Hij is zijn paspoort verloren.
Waar heeft hij zijn paspoort dan?

loro - il loro
I bambini non riescono a trovare i loro genitori.
Ma eccoli che vengono!

zij - haar
De kinderen kunnen hun ouders niet vinden.
Maar daar komen haar ouders al aan!

Lei - il Suo
Com'è stato il Suo viaggio, signor Müller?
Dov'è Sua moglie, signor Müller?

u - uw
Hoe was uw reis, meneer Müller?
Waar is uw vrouw, meneer Müller?

Lei - il Suo
Com'è stato il Suo viaggio, signora Schmidt?
Dov'è Suo marito, signora Schmidt?

u - uw
Hoe was uw reis, mevrouw Schmidt?
Waar is uw man, mevrouw Schmidt?

68 [sessantotto]

Grande - piccolo

68 [achtenzestig]

groot - klein

grande e piccolo
L'elefante è grande.
Il topo è piccolo.

groot en klein
De olifant is groot.
De muis is klein.

scuro e chiaro
La notte è scura.
Il giorno è chiaro.

donker en licht
De nacht is donker.
De dag is licht.

giovane e vecchio
Nostro nonno è molto anziano.
Settant'anni fa era ancora giovane.

oud en jong
Onze grootvader is heel oud.
70 jaar geleden was hij nog jong.

bello e brutto.
La farfalla è bella.
Il ragno è brutto.

mooi en lelijk
De vlinder is mooi.
De spin is lelijk.

grosso e magro
Una donna di 100 chili è grassa.
Un uomo di 50 chili è magro.

dik en dun
Een vrouw van 100 kilo is dik.
Een man van 50 kilo is dun.

caro e non caro /costoso e non costoso
La macchina è cara / costosa.
Il giornale non è caro /costoso.

duur en goedkoop
De auto is duur.
De krant is goedkoop.

69 [sessantanove]

Aver bisogno - volere

69 [negenenzestig]

Nodig hebben - willen

Ho bisogno di un letto.
Voglio dormire.
C'è un letto qui?

Ik heb een bed nodig.
Ik wil slapen.
Is er hier een bed?

Ho bisogno di una lampada.
Voglio leggere.
C'è una lampada qui?

Ik heb een lamp nodig.
Ik wil lezen.
Is er hier een lamp?

Ho bisogno di un telefono.
Voglio fare una chiamata.
C'è un telefono qui?

Ik heb een telefoon nodig.
Ik wil bellen.
Is er hier een telefoon?

Ho bisogno di una macchina fotografica.
Voglio fotografare.
C'è una macchina fotografica qui?

Ik heb een camera nodig.
Ik wil foto's maken.
Is er hier een camera?

Ho bisogno di un computer.
Voglio mandare un E-mail.
C'è un computer qui?

Ik heb een computer nodig.
Ik wil een e-mail sturen.
Is er hier een computer?

Ho bisogno di una penna.
Voglio scrivere qualcosa.
Ci sono un foglio di carta e una penna qui?

Ik heb een pen nodig.
Ik wil iets opschrijven.
Is er hier een blad papier en een pen?

70 [settanta]

Aver voglia di qualcosa

70 [zeventig]

Iets leuk vinden

Le va di fumare?	Wilt u roken?
Le va di ballare?	Wilt u dansen?
Le va di fare una passeggiata?	Wilt u wandelen?
Vorrei fumare.	Ik wil graag roken.
Vuoi una sigaretta?	Wil je een sigaret?
Lui vorrebbe accendere (una sigaretta).	Hij wil een vuurtje.
Vorrei bere qualcosa.	Ik wil graag iets drinken.
Vorrei mangiare qualcosa.	Ik wil graag iets eten.
Vorrei riposarmi un po'.	Ik wil graag een beetje uitrusten.
Vorrei chiederLe una cosa.	Ik wil u graag iets vragen.
Vorrei chiederLe un favore.	Ik wil u graag om iets vragen.
Vorrei offrirLe qualcosa.	Ik wil u graag ergens voor uitnodigen.
Desidera, prego?	Wat wilt u graag?
Gradisce un caffè?	Wilt u koffie?
O preferisce un tè?	Of wilt u liever thee?
Vorremmo andare a casa.	Wij willen graag naar huis rijden.
Vorreste un tassì?	Willen jullie een taxi?
Loro vorrebbero telefonare.	Zij willen graag telefoneren.

71 [settantuno]

Voler qualcosa

71 [eenenzeventig]

Iets willen

Che cosa volete?
Volete giocare a pallone?
Volete andare a trovare degli amici?

Wat willen jullie?
Willen jullie voetballen?
Willen jullie vrienden bezoeken?

volere
Non voglio arrivare in ritardo.
Non voglio andarci.

willen
Ik wil niet te laat komen.
Ik wil niet weggaan.

Voglio andare a casa.
Voglio restare a casa.
Voglio essere solo.

Ik wil naar huis gaan.
Ik wil thuis blijven.
Ik wil alleen zijn.

Vuoi restare qui?
Vuoi mangiare qui?
Vuoi dormire qui?

Wil je hier blijven?
Wil je hier eten?
Wil je hier slapen?

Vuole partire domani?
Vuole restare fino a domani?
Vuole pagare il conto solo domani?

Wilt u morgen vertrekken?
Wilt u tot morgen blijven?
Wilt u de rekening morgen pas betalen?

Volete andare in discoteca?
Volete andare al cinema?
Volete andare al bar?

Willen jullie naar de disco?
Willen jullie naar de bioscoop?
Willen jullie naar het café?

72 [settantadue]

Dover fare qualcosa

dovere
Devo spedire la lettera.
Devo pagare l'albergo.

Devi alzarti presto.
Devi lavorare molto.
Devi essere puntuale.

Lui deve fare benzina.
Lui deve aggiustare la macchina.
Lui deve lavare la macchina.

Lei deve fare la spesa.
Lei deve pulire la casa.
Lei deve lavare la biancheria.

Dobbiamo andare subito a scuola.
Dobbiamo andare subito al lavoro.
Dobbiamo andare subito dal medico.

Dovete aspettare l'autobus.
Dovete aspettare il treno.
Dovete aspettare il tassì.

72 [tweeënzeventig]

Iets moeten doen

moeten
Ik moet de brief versturen.
Ik moet het hotel betalen.

Je moet vroeg opstaan.
Je moet veel werken.
Je moet stipt zijn.

Hij moet tanken.
Hij moet de auto repareren.
Hij moet de auto wassen.

Zij moet inkopen doen.
Zij moet de woning schoonmaken.
Zij moet de was doen.

Wij moeten zo meteen naar school.
Wij moeten zo meteen naar het werk.
Wij moeten zo meteen naar de dokter.

Jullie moeten op de bus wachten.
Jullie moeten op de trein wachten.
Jullie moeten op de taxi wachten.

73 [settantatré]

73 [drieënzeventig]

Potere

Iets mogen

Puoi già guidare?
Puoi già bere alcol?
Puoi già andare all'estero da solo?

Mag jij al autorijden?
Mag jij al alcohol drinken?
Mag jij al alleen naar het buitenland?

potere / essere permesso
Possiamo fumare qui?
E permesso fumare qui?

mogen
Mogen we hier roken?
Mag je hier roken?

Si può pagare con la carta di credito?
Si può pagare con un assegno?
Si può pagare solo in contanti?

Kan je met een kredietkaart betalen?
Kan je met een cheque betalen?
Kan je alleen maar contant betalen?

Posso telefonare un momento?
Posso chiedere qualcosa?
Posso dire qualcosa?

Mag ik even telefoneren?
Mag ik even iets vragen?
Mag ik even iets zeggen?

Non può dormire al parco.
Non può dormire in auto/macchina.
Non può dormire in stazione.

Hij mag niet in het park slapen.
Hij mag niet in de auto slapen.
Hij mag niet in het station slapen.

Possiamo sederci?
Possiamo avere il menu?
Possiamo pagare separatamente?

Mogen we gaan zitten?
Mogen we de menukaart zien?
Mogen we apart betalen?

74 [settantaquattro]

Chiedere qualcosa

74 [vierenzeventig]

Iets vragen

Mi può tagliare i capelli?
Non troppo corti, per favore.
Un po' più corti, per favore.

Kunt u mijn haar knippen?
Niet te kort graag.
Iets korter graag.

Può sviluppare le foto?
Le foto sono nel CD.
Le foto sono nella macchina fotografica.

Kunt u de foto's ontwikkelen?
De foto's staan op CD.
De foto's zitten in de camera.

Può aggiustare l'orologio?
Il vetro è rotto.
La batteria è scarica.

Kunt u de klok repareren?
Het glas is gebroken.
De batterijen zijn leeg.

Può stirare la camicia?
Può pulire i pantaloni?
Può aggiustare le scarpe?

Kunt u het hemd strijken?
Kunt u de broek schoonmaken?
Kunt u de schoenen repareren?

Ha da accendere?
Ha dei fiammiferi o un accendino?
Ha un portacenere?

Kunt u mij een vuurtje geven?
Heeft u een lucifer of een aansteker?
Heeft u een asbak?

Fuma sigari?
Fuma sigarette?
Fuma la pipa?

Rookt u sigaren?
Rookt u sigaretten?
Rookt u pijp?

75 [settantacinque]

Giustificare qualcosa 1

75 [vijfenzeventig]

Iets verklaren 1

Perché non viene?
Il tempo è così brutto.
Non vengo perché il tempo è così brutto.

Waarom komt u niet?
Het weer is zo slecht.
Ik kom niet, omdat het weer zo slecht is.

Perché non viene?
Non è invitato.
Non viene perché non è invitato.

Waarom komt hij niet?
Hij is niet uitgenodigd.
Hij komt niet, omdat hij niet is uitgenodigd.

Perché non vieni?
Non ho tempo.
Non vengo perché non ho tempo.

Waarom kom je niet?
Ik heb geen tijd.
Ik kom niet, omdat ik geen tijd heb.

Perché non resti?
Devo ancora lavorare.
Non resto perché devo lavorare ancora.

Waarom blijf je niet?
Ik moet nog werken.
Ik blijf niet, omdat ik nog moet werken.

Perché già se ne va?
Sono stanco.
Me ne vado perché sono stanco.

Waarom gaat u al weg?
Ik ben moe.
Ik ga weg, omdat ik moe ben.

Perché parte già?
È già tardi.
Parto perché è già tardi.

Waarom vertrekt u al?
Het is al laat.
Ik vertrek, omdat het al laat is.

76 [settantasei]

Giustificare **qualcosa 2**

Perché non sei venuto?
Ero malato.
Non sono venuto perché ero malato.

Perché lei non è venuta?
Era stanca.
Lei non è venuta perché era stanca.

Perché non è venuto?
Non ne aveva voglia.
Non è venuto perché non ne aveva voglia.

Perché non siete venuti?
La nostra macchina è rotta.
Non siamo venuti perché la nostra macchina è rotta.

Perché non sono venuti?
Hanno perso il treno.
Non sono venuti perché hanno perso il treno.

Perché non sei venuto?
Non potevo.
Non sono venuto perché non potevo.

76 [zesenzeventig]

Iets verklaren 2

Waarom ben je niet gekomen?
Ik was ziek.
Ik ben niet gekomen, omdat ik ziek was.

Waarom is ze niet gekomen?
Ze was moe.
Ze is niet gekomen, omdat ze moe was.

Waarom is hij niet gekomen?
Hij had geen zin.
Hij is niet gekomen, omdat hij geen zin had.

Waarom zijn jullie niet gekomen?
Onze auto is kapot.
Wij zijn niet gekomen, omdat onze auto kapot is.

Waarom zijn die mensen niet gekomen?
Zij hebben de trein gemist.
Zij zijn niet gekomen, omdat ze de trein gemist hebben.

Waarom ben je niet gekomen?
Ik mocht niet.
Ik ben niet gekomen, omdat ik niet mocht.

77 [settantasette]

Giustificare qualcosa 3

77 [zevenenzeventig]

Iets verklaren 3

Perché non mangia la torta?
Devo dimagrire.
Non la mangio perché devo dimagrire.

Waarom eet u de taart niet op?
Ik moet afvallen.
Ik eet ze niet op, omdat ik moet afvallen.

Perché non beve la birra?
Devo guidare.
Non la bevo perché devo guidare.

Waarom drinkt u niet van het bier?
Ik moet nog rijden.
Ik drink het niet, omdat ik nog moet rijden.

Perché non bevi il caffè?
È freddo.
Non lo bevo perché è freddo.

Waarom drink je niet van de koffie?
Het is koud.
Ik drink er niet van, omdat het koud is.

Perché non bevi il tè?
Non ho zucchero.
Non lo bevo perché non ho zucchero.

Waarom drink je niet van de thee?
Ik heb geen suiker.
Ik drink er niet van, omdat ik geen suiker heb.

Perché non mangia la minestra?
Non l'ho ordinata.
Non la mangio perché non l'ho ordinata.

Waarom eet je niet van de soep?
Ik heb die niet besteld.
Ik eet er niet van, omdat ik het niet besteld heb.

Perché non mangia la carne?
Sono vegetariano.
Non la mangio perché sono vegetariano.

Waarom eet je niet van het vlees?
Ik ben vegetariër.
Ik eet er niet van, omdat ik vegetariër ben.

78 [settantotto]

Aggettivi 1

78 [achtenzeventig]

Bijvoeglijke naamwoorden 1

una donna anziana	een oude vrouw
una donna grassa	een dikke vrouw
una donna curiosa	een nieuwsgierige vrouw
una macchina nuova	een nieuwe auto
una macchina veloce	een snelle auto
una macchina comoda	een comfortabele auto
un vestito azzurro	een blauwe jurk
un vestito rosso	een rode jurk
un vestito verde	een groene jurk
una borsa nera	een zwarte tas
una borsa marrone	een bruine tas
una borsa bianca	een witte tas
gente carina / persone carine	aardige mensen
gente gentile / persone gentili	beleefde mensen
gente interessante / persone interessanti	interessante mensen
bambini cari	lieve kinderen
bambini impertinenti	brutale kinderen
bambini bravi	brave kinderen

79 [settantanove]

Aggettivi 2

79 [negenenzeventig]

Bijvoeglijke naamwoorden 2

Indosso un abito azzurro.
Indosso un abito rosso.
Indosso un abito verde.

Ik heb een blauwe jurk aan.
Ik heb een rode jurk aan.
Ik heb een groene jurk aan.

Compro una borsa nera.
Compro una borsa marrone.
Compro una borsa bianca.

Ik koop een zwarte tas.
Ik koop een bruine tas.
Ik koop een witte tas.

Ho bisogno di una macchina nuova.
Ho bisogno di una macchina veloce.
Ho bisogno di una macchina comoda.

Ik heb een nieuwe auto nodig.
Ik heb een snelle auto nodig.
Ik heb een comfortabele auto nodig.

Lassù abita una donna anziana.
Lassù abita una donna grassa.
Laggiù abita una donna curiosa.

Daar boven woont een oude vrouw.
Daar boven woont een dikke vrouw.
Daar beneden woont een nieuwsgierige vrouw.

I nostri ospiti erano carini.
I nostri ospiti erano gentili.
I nostri ospiti erano interessanti.

Onze gasten waren aardige mensen.
Onze gasten waren beleefde mensen.
Onze gasten waren interessante mensen.

Ho dei cari bambini.
Ma i vicini hanno dei bambini impertinenti.
Sono buoni i Suoi bambini?

Ik heb lieve kinderen.
Maar de buren hebben brutale kinderen.
Zijn uw kinderen braaf?

80 [ottanta]

Aggettivi 3

80 [tachtig]

Bijvoeglijke naamwoorden 3

Lei ha un cane.
Il cane è grande.
Lei ha un cane grande.

Zij heeft een hond.
De hond is groot.
Zij heeft een grote hond.

Lei ha una casa.
La casa è piccola.
Lei ha una casa piccola.

Zij heeft een huis.
Het huis is klein.
Zij heeft een klein huis.

Lui abita in un albergo.
L'albergo è a buon mercato.
Lui abita in un albergo economico.

Hij woont in een hotel.
Het hotel is goedkoop.
Hij woont in een goedkoop hotel.

Lui ha una macchina.
La macchina è cara.
Lui ha una macchina costosa.

Hij heeft een auto.
De auto is duur.
Hij heeft een dure auto.

Lui legge un romanzo.
Il romanzo è noioso.
Lui legge un romanzo noioso.

Hij leest een roman.
De roman is saai.
Hij leest een saaie roman.

Lei guarda un film.
Il film è avvincente.
Lei guarda un film avvincente.

Zij kijkt naar een film.
De film is spannend.
Zij kijkt naar een spannende film.

81 [ottantuno]

Passato 1

81 [eenentachtig]

Verleden tijd 1

scrivere
Lui ha Scritto una lettera.
E lei ha scritto una cartolina.

schrijven
Hij schreef een brief.
En zij schreef een kaart.

leggere
Lui ha letto una rivista.
E lei ha letto un libro.

lezen
Hij las een tijdschrift.
En zij las een boek.

prendere
Lui ha preso un sigaretta.
Lei ha preso un pezzo di cioccolato.

nemen
Hij nam een sigaret.
Zij nam een stuk chocola.

Lui era infedele, ma lei era fedele.
Lui era pigro, ma lei era attiva.
Lui era povero, ma lei era ricca.

Hij was ontrouw, maar zij was trouw.
Hij was lui, maar zij was ijverig.
Hij was arm, maar zij was rijk.

Lui non aveva soldi, ma debiti.
Lui non aveva fortuna, ma sfortuna.
Lui non aveva successo, ma insuccesso.

Hij had geen geld, maar schulden.
Hij had geen geluk, maar pech.
Hij had geen succes, maar tegenslag.

Lui non era contento, ma scontento.
Lui non era felice, ma infelice.
Lui non era simpatico, ma antipatico.

Hij was niet tevreden, maar ontevreden.
Hij was niet gelukkig, maar ongelukkig.
Hij was niet sympathiek, maar onsympathiek.

82 [ottantadue]

Passato 2

Hai dovuto chiamare l'ambulanza?
Hai dovuto chiamare il medico?
Hai dovuto chiamare la polizia?

Ha il numero di telefono? Un momento fa ce l'avevo.
Ha l'indirizzo? Un momento fa ce l'avevo.
Ha la pianta della città? Un momento fa ce l'avevo.

È stato puntuale? Non è riuscito ad essere puntuale.
Ha trovato la strada? Non riusciva a trovare la strada.
Ti capiva? Non riusciva a capirmi.

Perché non sei riuscito ad arrivare puntualmente?
Perché non riuscivi a trovare la strada?
Perché non riuscivi a capirlo?

n sono riuscito ad arrivare puntualmente, perché l'autobus non veniva.
on sono riuscito a trovare la strada, perché non avevo la pianta della città.
Non sono riuscito a capirlo, perché la musica era troppo alta.

Ho dovuto prendere un tassi.
Ho dovuto comprare una pianta della città.
Ho dovuto spegnere la radio.

82 [tweeëntachtig]

Verleden tijd 2

Moest je een ziekenauto roepen?
Moest je de arts roepen?
Moest je de politie roepen?

Heeft u het telefoonnummer? Zojuist had ik het nog.
Heeft u het adres? Zojuist had ik het nog.
Heeft u de plattegrond? Zojuist had ik hem nog.

Kwam hij op tijd? Hij kon niet op tijd komen.
Vond hij de weg? Hij kon de weg niet vinden.
Begreep hij jou? Hij kon mij niet begrijpen.

Waarom kon je niet op tijd komen?
Waarom kon je de weg niet vinden?
Waarom kon je hem niet verstaan?

Ik kon niet op tijd komen, omdat er geen bus reed.
Ik kon de weg niet vinden, omdat ik geen plattegrond had.
Ik kon hem niet verstaan, omdat de muziek zo hard stond.

Ik moest een taxi nemen.
Ik moest een plattegrond kopen.
Ik moest de radio uitzetten.

83 [ottantatré]

Passato 3

83 [drieëntachtig]

Verleden tijd 3

telefonare
Ho telefonato.
Ho telefonato per tutto il tempo.

telefoneren
Ik heb getelefoneerd.
Ik heb de hele tijd getelefoneerd.

chiedere
Ho chiesto.
Ho sempre chiesto.

vragen
Ik heb gevraagd.
Ik heb steeds gevraagd.

raccontare
Ho raccontato.
Ho raccontato tutta la storia.

vertellen
Ik heb verteld.
Ik heb het hele verhaal verteld.

studiare
Ho studiato.
Ho studiato tutta la sera.

leren
Ik heb geleerd.
Ik heb de hele avond geleerd.

lavorare
Ho lavorato.
Ho lavorato tutto il giorno.

werken
Ik heb gewerkt.
Ik heb de hele dag gewerkt.

mangiare
Ho mangiato.
Ho mangiato tutto.

eten
Ik heb gegeten.
Ik heb het eten helemaal opgegeten.

84 [ottantaquattro]

84 [vierentachtig]

Passato 4

Verleden tijd 4

Italiano	Nederlands
leggere	lezen
Ho letto.	Ik heb gelezen.
Ho letto tutto il romanzo.	Ik heb de hele roman gelezen.
capire	begrijpen
Ho capito.	Ik heb begrepen.
Ho capito tutto il testo.	Ik heb de hele tekst begrepen.
rispondere	antwoorden
Ho risposto.	Ik heb geantwoord.
Ho risposto a tutte le domande.	Ik heb op alle vragen antwoord gegeven.
Lo so. - Lo sapevo.	Ik weet dat - ik heb dat geweten.
Lo scrivo. - L'ho scritto.	Ik schrijf dat - ik heb dat geschreven.
Lo sento. - L'ho sentito.	Ik hoor dat - ik heb dat gehoord.
Vado a prenderlo. - Sono andato a prenderlo.	Ik haal dat - ik heb dat gehaald.
Lo porto. - L'ho portato.	Ik breng dat - ik heb dat gebracht.
Lo compro. - L'ho comprato.	Ik koop dat - ik heb dat gekocht.
Me lo aspetto. - Me lo aspettavo.	Ik verwacht dat - ik heb dat verwacht.
Lo spiego. - L'ho spiegato.	Ik leg dat uit - ik heb dat uitgelegd.
Non mi è nuovo / lo so. - Lo sapevo.	Ik ken dat - ik heb dat gekend.

85 [ottantacinque]

85 [vijfentachtig]

Domande - Passato 1

Vragen - Verleden tijd

Quanto ha bevuto? — Hoeveel heeft u gedronken?
Quanto ha lavorato? — Hoe lang heeft u gewerkt?
Quanto ha scritto? — Hoeveel heeft u geschreven?

Come ha dormito? — Hoe heeft u geslapen?
Come ha fatto a superare l'esame? — Hoe bent u voor het examen geslaagd?
Come ha fatto a trovare la strada? — Hoe heeft u de weg gevonden?

Con chi ha parlato? — Met wie heeft u gesproken?
Con chi ha preso appuntamento? — Met wie heeft u afgesproken?
Con chi ha festeggiato il compleanno? — Met wie heeft u uw verjaardag gevierd?

Dov'è stato? — Waar bent u geweest?
Dove ha abitato? — Waar heeft u gewoond?
Dove ha lavorato? — Waar heeft u gewerkt?

Che cosa ha consigliato? — Wat heeft u aanbevolen?
Che cosa ha mangiato? — Wat heeft u gegeten?
Che cosa è venuto a sapere? — Wat heeft u ervaren?

A che velocità è andato? — Hoe hard heeft u gereden?
Quanto è durato il volo? — Hoe lang heeft u gevlogen?
Fino a che altezza è saltato? — Hoe hoog heeft u gesprongen?

86 [ottantasei]

Domande - Passato 2

86 [zesentachtig]

Vragen - Verleden tijd 2

Che cravatta hai indossato?
Che macchina hai comprato?
A che giornale ti sei abbonato?

Welke stropdas heb je gedragen?
Welke auto heb je gekocht?
Op welke krant ben je geabonneerd?

Chi ha visto?
Chi ha incontrato?
Chi ha riconosciuto?

Wie heeft u gezien?
Wie heeft u ontmoet?
Wie heeft u herkend?

Quando si è alzato?
Quando ha cominciato?
Quando ha finito?

Wanneer bent u opgestaan?
Wanneer bent u begonnen?
Wanneer bent u opgehouden?

Perché si è svegliato?
Perché è diventato insegnante?
Perché ha preso un tassì?

Waarom bent u wakker geworden?
Waarom bent u leraar geworden?
Waarom heeft u een taxi genomen?

Da dov'è venuto?
Dov'è andato?
Dov'è stato?

Waar bent u vandaan gekomen?
Waar bent u naartoe gegaan?
Waar bent u geweest?

Chi hai aiutato?
A chi hai scritto?
A chi hai risposto?

Wie heb je geholpen?
Wie heb je geschreven?
Wie heb je geantwoord?

87 [ottantasette]

Passato - Verbi modali 1

87 [zevenentachtig]

Verleden tijd van modale werkwoorden

Abbiamo dovuto innaffiare i fiori.
Abbiamo dovuto mettere in ordine l'appartamento.
Abbiamo dovuto lavare i piatti.

Wij moesten de bloemen besproeien.
Wij moesten het huis opruimen.
Wij moesten de afwas doen.

Avete dovuto pagare il conto?
Avete dovuto pagare l'ingresso?
Avete dovuto pagare una multa?

Moesten jullie de rekening betalen?
Moesten jullie entree betalen?
Moesten jullie een boete betalen?

Da chi ha dovuto accomiatarsi?
Chi ha dovuto andare a casa presto?
Chi ha dovuto prendere il treno?

Wie moest afscheid nemen?
Wie moest vroeg naar huis gaan?
Wie moest de trein nemen?

Non volevamo restare a lungo.
Non volevamo bere niente.
Non volevamo disturbare.

Wij wilden niet lang blijven.
Wij wilden niets drinken.
Wij wilden niet storen.

Volevo solo telefonare.
Volevo chiamare un tassì.
Infatti volevo andare a casa.

Ik wilde net telefoneren.
Ik wilde een taxi bestellen.
Ik wilde namelijk naar huis rijden.

Pensavo che tu volessi telefonare a tua moglie.
Pensavo che tu volessi chiamare le informazioni.
Pensavo che tu volessi ordinare una pizza.

Ik dacht dat je je vrouw wilde opbellen.
Ik dacht dat je de inlichtingen wilde bellen.
Ik dacht dat je een pizza wilde bestellen.

88 [ottantotto]

Passato - Verbi modali 2

88 [achtentachtig]

Verleden tijd van modale werkwoorden 2

Mio figlio non voleva giocare con la bambola.
Mia figlia non voleva giocare a pallone.
Mia moglie non voleva giocare a scacchi con me.

Mijn zoon wilde niet met de pop spelen.
Mijn dochter wilde niet voetballen.
Mijn vrouw wilde niet met mij schaken.

I miei figli non volevano fare una passeggiata.
Non volevano riordinare la camera.
Non volevano andare a letto.

Mijn kinderen wilden geen wandeling maken.
Zij wilden de kamer niet opruimen.
Zij wilden niet naar bed gaan.

Lui non poteva mangiare il gelato.
Lui non poteva mangiare il cioccolato.
Lui non poteva mangiare le caramelle.

Hij mocht geen ijs eten.
Hij mocht geen chocolade eten.
Hij mocht geen snoepje eten.

Ho potuto esprimere un desiderio.
Ho potuto comprarmi un vestito.
Ho potuto prendere un cioccolatino.

Ik mocht een wens doen.
Ik mocht een jurk kopen.
Ik mocht een bonbon nemen.

Potevi fumare in aereo?
Potevi bere la birra in ospedale?
Potevi portare il cane in albergo?

Mocht je in het vliegtuig roken?
Mocht je in het ziekenhuis bier drinken?
Mocht je de hond meenemen in het hotel?

Durante le vacanze i bambini potevano restare a lungo fuori.
Loro potevano giocare a lungo nel cortile.
Loro potevano restare svegli fino a tardi.

In de vakantie mochten de kinderen lang buiten blijven.
Zij mochten lang op de binnenplaats spelen.
Zij mochten lang opblijven.

89 [ottantanove]

Imperativo 1

89 [negenentachtig]

Imperatief 1

Tu sei così pigro - non essere così pigro!
Tu dormi tanto - non dormire tanto!
Tu arrivi così tardi - non arrivare così tardi!

Je bent zo lui - wees toch niet zo lui!
Je slaapt zo lang - slaap toch niet zo lang!
Je komt zo laat - kom toch niet zo laat!

Tu ridi così forte - non ridere così forte!
Tu parli così a bassa voce - non parlare così a bassa voce!
Tu bevi troppo - non bere tanto!

Je lacht zo hard - lach toch niet zo hard!
Je spreekt zo zacht - spreek toch niet zo zacht!
Je drinkt te veel - drink toch niet zo veel!

Tu fumi troppo - non fumare tanto!
Tu lavori troppo - non lavorare tanto!
Tu vai troppo forte - non andare così forte!

Je rookt te veel - rook toch niet zo veel!
Je werkt te veel - werk toch niet zo veel!
Je rijdt zo snel - rij toch niet zo snel!

Si alzi, signor Müller!
Si accomodi, signor Müller!
Resti seduto, signor Müller!

Staat u op, meneer Müller!
Gaat u zitten, meneer Müller!
Blijft u zitten, meneer Müller!

Abbia pazienza!
Faccia con comodo!
Aspetti un momento!

Heeft u geduld!
Neemt u de tijd!
Wacht een moment!

Faccia attenzione!
Sia puntuale!
Non sia stupido!

Wees voorzichtig!
Wees op tijd!
Doe niet zo stom!

90 [novanta]

Imperativo 2

90 [negentig]

Imperatief 2

Italiano	Nederlands
Fatti la barba!	Scheer je!
Lavati!	Was je!
Pettinati!	Kam je haar!
Telefonami! Mi telefoni!	Bel op!
Comincia! Cominci!	Begin!
Smettila! La smetta!	Hou op!
Lascia stare! Lasci stare!	Laat dat!
Dì questo! Dica questo!	Zeg dat!
Compra questo! Compri questo!	Koop dat!
Non essere mai disonesto!	Wees nooit oneerlijk!
Non essere mai impertinente!	Wees nooit brutaal!
Non essere mai scortese!	Wees nooit onbeleefd!
Sii sempre sincero!	Wees altijd eerlijk!
Sii sempre carino!	Wees altijd aardig!
Sii sempre gentile!	Wees altijd beleefd!
Buon ritorno a casa!	Wel thuis!
Abbia cura di sé!	Let u goed op uzelf!
Ritorni a trovarci presto!	Bezoekt u ons gauw weer!

91 [novantuno]

Frasi secondarie con *che* 1

91 [eenennegentig]

Bijzinnen met *dat* 1

Forse domani il tempo sarà migliore.
Come fa a saperlo?
Spero che migliori.

Het weer wordt morgen misschien beter.
Hoe weet u dat?
Ik hoop dat het beter wordt.

Viene sicuramente.
E sicuro?
So che viene.

Hij komt heel zeker.
Is dat zeker?
Ik weet dat hij komt.

Telefona sicuramente.
Veramente?
Credo che telefoni.

Hij belt zeker op.
Werkelijk?
Ik geloof dat hij opbelt.

Il vino è certamente invecchiato.
Lo sa di sicuro?
Suppongo che sia invecchiato.

De wijn is zeker oud.
Weet u dat zeker?
Ik vermoed dat hij oud is.

Il nostro titolare ha un bell'aspetto.
Lei trova?
Trovo che abbia addirittura un ottimo aspetto.

Onze chef ziet er goed uit.
Vindt u?
Ik vind dat hij er zelfs zeer goed uitziet.

Il titolare ha certamente un'amica.
Lo crede veramente?
È molto probabile che abbia un'amica.

De chef heeft zeker een vriendin.
Denkt u dat echt?
Het is goed mogelijk dat hij een vriendin heeft.

92 [novantadue]

Frasi secondarie con *che* 2

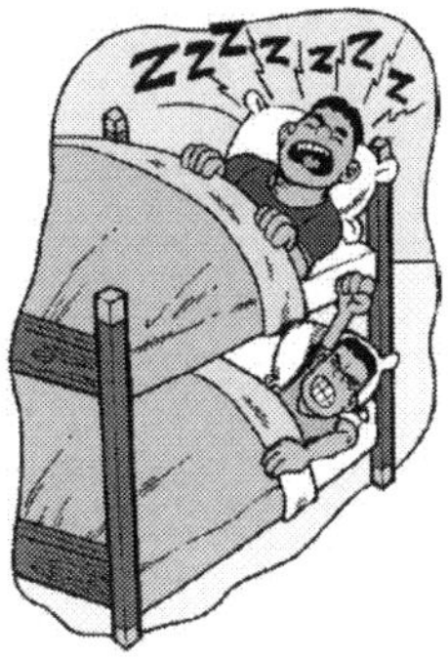

92 [tweeënnegentig]

Bijzinnen met *dat* 2

Mi secca che tu russi.
Mi secca che tu beva tanta birra.
Mi secca che tu venga così tardi.

Het ergert me dat je snurkt.
Het ergert me dat je zoveel bier drinkt.
Het ergert me dat je zo laat komt.

Credo che abbia bisogno di un medico.
Credo che sia malato.
Credo che adesso dorma.

Ik denk dat hij een arts nodig heeft.
Ik denk dat hij ziek is.
Ik denk dat hij nu slaapt.

Speriamo che sposi nostra figlia.
Speriamo che abbia molti soldi.
Speriamo che sia milionario.

Wij hopen dat hij met onze dochter trouwt.
Wij hopen dat hij veel geld heeft.
Wij hopen dat hij miljonair is.

Ho sentito che tua moglie ha avuto un incidente.
Ho sentito che è all'ospedale.
Ho sentito che la tua macchina è completamente distrutta.

Ik heb gehoord dat je vrouw een ongeluk heeft gehad.
Ik heb gehoord dat ze in het ziekenhuis ligt.
Ik heb gehoord dat je auto helemaal stuk is.

Mi fa piacere che sia venuto.
Mi fa piacere che abbia interesse.
Mi fa piacere che voglia comprare la casa.

Ik vind het fijn dat u gekomen bent.
Ik ben blij dat u belangstelling heeft.
Ik ben blij dat u het huis wilt kopen.

Temo che l'ultimo autobus sia già passato.
Temo che dobbiamo prendere un tassì.
Temo di non avere denaro con me.

Ik ben bang dat de laatste bus al weg is.
Ik ben bang dat we een taxi moeten nemen.
Ik ben bang dat ik geen geld bij me heb.

93 [novantatré]

Frasi secondarie con *se*

93 [drieënnegentig]

Bijzinnen met *of*

Non so se mi ama.
Non so se ritorna.
No so se mi telefona.

Ik weet niet of hij van me houdt.
Ik weet niet of hij terugkomt.
Ik weet niet of hij me belt.

Chissà se mi ama.
Chissà se ritorna.
Chissà se mi telefona.

Of hij wel van me houdt?
Of hij wel terugkomt?
Of hij me wel belt?

Mi chiedo se mi pensi.
Mi chiedo se abbia un'altra.
Mi chiedo se menta.

Ik vraag me af of hij aan me denkt.
Ik vraag me af of hij een ander heeft.
Ik vraag me af of hij liegt.

Chissà se mi pensa.
Chissà se ha un'altra.
Chissà se dice la verità.

Of hij wel aan me denkt?
Of hij misschien een ander heeft?
Of hij wel de waarheid spreekt?

Dubito che mi voglia veramente bene.
Dubito che mi scriva.
Dubito che mi sposi.

Ik betwijfel of hij me echt mag.
Ik betwijfel of hij mij schrijft.
Ik betwijfel of hij met mij trouwt.

Chissà se mi ama veramente.
Chissà se mi scrive.
Chissà se mi sposa.

Of hij me wel echt mag?
Of hij me wel schrijft?
Of hij wel met me trouwt?

94 [novantaquattro]

Congiunzioni 1

94 [vierennegentig]

Voegwoorden 1

Aspetta finché smette di piovere.
Aspetta finché ho finito.
Aspetta finché lui torna.

Wacht tot het ophoudt met regenen.
Wacht tot ik klaar ben.
Wacht tot hij terugkomt.

Aspetto di avere i capelli asciutti.
Aspetto che il film sia terminato.
Aspetto che il semaforo sia verde.

Ik wacht tot mijn haar droog is.
Ik wacht tot de film afgelopen is.
Ik wacht tot het stoplicht groen is.

Quando vai in vacanza?
Ancora prima delle vacanze estive?
Sì, prima che comincino le vacanze estive.

Wanneer ga je op vakantie?
Nog voor de zomervakantie?
Ja, nog voor de zomervakantie begint.

Ripara il tetto prima che cominci l'inverno.
Lavati le mani prima di sederti a tavola.
Chiudi la finestra prima di uscire.

Repareer het dak voor de winter begint.
Was je handen voor je aan tafel gaat.
Doe het raam dicht voor je naar buiten gaat.

Quando vieni a casa?
Dopo le lezioni?
Sì, dopo che le lezioni sono finite.

Wanneer kom je naar huis?
Na de les?
Ja, nadat de lessen afgelopen zijn.

Dopo l'incidente non ha più potuto lavorare.
Dopo aver perso il lavoro è andato in America.
Dopo esser andato in America è diventato ricco.

Nadat hij een ongeluk gehad had, kon hij niet meer werken.
Nadat hij zijn baan kwijt was, is hij naar Amerika gegaan.
Nadat hij naar Amerika gegaan was, is hij rijk geworden.

95 [novantacinque

Congiunzioni 2

95 [vijfennegentig]

Voegwoorden 2

Da quando non lavora più?
Da dopo il suo matrimonio?
Sì, lei non lavora più da quando si è sposata.

Sinds wanneer werkt ze niet meer?
Sinds haar huwelijk?
Ja, zij werkt niet meer, sinds ze getrouwd is.

Da quando si è sposata, non lavora più.
Da quando si conoscono, sono felici.
Da quando hanno bambini, escono raramente.

Sinds ze getrouwd is, werkt ze niet meer.
Sinds ze elkaar kennen, zijn ze gelukkig.
Sinds ze kinderen hebben, gaan ze zelden uit.

Quando telefona?
Durante il viaggio?
Si, mentre guida.

Wanneer belt ze?
Tijdens de rit?
Ja, terwijl ze autorijdt.

Lei telefona mentre guida.
Lei guarda la TV mentre stira.
Lei ascolta la musica mentre fa i compiti.

Zij telefoneert terwijl ze autorijdt.
Zij kijkt televisie terwijl ze strijkt.
Zij luistert naar muziek terwijl ze haar huiswerk maakt.

Non vedo niente se non metto gli occhiali.
Non capisco niente se la musica è così forte.
Non sento odori, quando ho il raffreddore.

Ik zie niets als ik geen bril draag.
Ik versta niets als de muziek zo hard staat.
Ik ruik niets als ik verkouden ben.

Se piove, prendiamo un tassì.
Se vinciamo al lotto, facciamo il giro del mondo.
Se non arriva presto, cominciamo a mangiare.

Wij nemen een taxi als het regent.
We gaan een wereldreis maken als we de lotto winnen.
We beginnen met eten als hij niet gauw komt.

96 [novantasei]

Congiunzioni 3

96 [zesennegentig]

Voegwoorden 3

Mi alzo appena suona la sveglia.	Ik sta op zodra de wekker gaat.
Mi stanco appena inizio a studiare.	Ik word moe zodra ik moet leren.
Smetto di lavorare appena faccio sessant'anni.	Ik houd op met werken zodra ik 60 ben.
Quando telefona?	Wanneer belt u op?
Appena ho un momento di tempo.	Zo gauw ik een moment tijd heb.
Lei telefona appena ha un po' di tempo.	Hij belt op zodra hij een beetje tijd heeft.
Quanto tempo lavorerà?	Hoe lang blijft u werken?
Lavorerò finché potrò.	Ik blijf werken zo lang ik kan.
Lavorerò finché sarò sano.	Ik blijf werken zo lang ik gezond ben.
Sta a letto invece di lavorare.	Hij ligt in bed in plaats van te werken.
Lei legge il giornale invece di cucinare.	Zij leest de krant in plaats van te koken.
Lui sta al bar invece di andare a casa.	Hij zit in de kroeg in plaats van naar huis te gaan.
A quanto so, lui abita qui.	Voor zover ik weet, woont hij hier.
A quanto so, sua moglie è malata.	Voor zover ik weet, is zijn vrouw ziek.
A quanto so, lui è disoccupato.	Voor zover ik weet, is hij werkloos.
Non mi sono svegliato in tempo, altrimenti sarei stato puntuale.	Ik had me verslapen, anders was ik op tijd geweest.
Avevo perso l'autobus, altrimenti sarei stato puntuale.	Ik had de bus gemist, anders was ik stipt op tijd geweest.
Non trovavo la strada, altrimenti sarei stato puntuale.	Ik vond de weg niet, anders was ik op tijd geweest.

97 [novantasette]

Congiunzioni 4

97 [zevenennegentig]

Voegwoorden 4

Si è addormentato, sebbene il televisore fosse acceso.
Lui è rimasto ancora, sebbene fosse già tardi.
Non è venuto, sebbene noi avessimo un appuntamento.

Hij is in slaap gevallen, hoewel de televisie aanstond.
Hij is nog gebleven, hoewel het al laat was.
Hij is niet gekomen, hoewel we afgesproken hadden.

Il televisore era acceso. Tuttavia si è addormentato.
Era già tardi. Tuttavia è rimasto ancora.
Avevamo un appuntamento. Tuttavia non è venuto.

De televisie stond aan. Toch is hij in slaap gevallen.
Het was al laat. Toch is hij nog gebleven.
Wij hadden afgesproken. Toch is hij niet gekomen.

Sebbene non abbia la patente, guida la macchina.
Sebbene la strada sia gelata, lui va forte.
Sebbene sia ubriaco, lui va in bicicletta.

Hoewel hij geen rijbewijs heeft, rijdt hij auto.
Hoewel de straat glad is, rijdt hij hard.
Hoewel hij dronken is, gaat hij met de fiets.

Non ha la patente. Tuttavia porta la macchina.
La strada è gelata. Tuttavia va forte.
Lui è ubriaco. Tuttavia va in bicicletta.

Hij heeft geen rijbewijs. Toch rijdt hij auto.
De straat is glad. Toch rijdt hij zo hard.
Hij is dronken. Toch gaat hij met de fiets.

Sebbene sia laureata, non trova un posto.
Sebbene abbia dolori, non va dal medico.
Sebbene non abbia soldi, compra una macchina.

Zij vindt geen baan, hoewel ze gestudeerd heeft.
Zij gaat niet naar de dokter, hoewel ze pijn heeft.
Zij koopt een auto, hoewel ze geen geld heeft.

È laureata. Ciò nonostante non trova lavoro.
Lei ha dolori. Ciò nonostante non va dal medico.
Lei non ha soldi. Ciò nonostante compra una macchina.

Zij heeft gestudeerd. Toch vindt ze geen baan.
Zij heeft pijn. Toch gaat ze niet naar de dokter.
Zij heeft geen geld. Toch koopt ze een auto.

98 [novantotto]

Congiunzioni coordinative

98 [achtennegentig]

Dubbele voegwoorden

Il viaggio è stato bello ma faticoso.
Il treno era in orario ma affollatissimo.
L'albergo era accogliente ma troppo caro.

De reis was wel mooi, maar te vermoeiend.
De trein was wel op tijd, maar te vol.
Het hotel was wel gezellig, maar te duur.

Lui prende o l'autobus o il treno.
Lui viene o stasera o domani mattina.
Lui abita o da noi o in albergo.

Hij neemt ofwel de bus of de trein.
Hij komt ofwel vanavond of morgenvroeg.
Hij logeert ofwel bij ons of in het hotel.

Lei parla sia lo spagnolo che l'inglese.
Lei ha vissuto sia a Madrid che a Londra.
Lei conosce sia la Spagna che l'Inghilterra.

Zij spreekt zowel Spaans als Engels.
Zij heeft zowel in Madrid als in Londen gewoond.
Zij kent zowel Spanje als Engeland.

Lui non è solo stupido ma anche pigro.
Lei non è solo carina ma anche intelligente.
Lei non parla solo tedesco ma anche francese.

Hij is niet alleen dom, maar ook lui.
Zij is niet alleen knap, maar ook intelligent.
Zij spreekt niet alleen Duits, maar ook Frans.

Io non so suonare né il pianoforte né la chitarra.
Non so ballare né il valzer né la samba.
Non mi piace né l'opera né il balletto.

Ik kan piano noch gitaar spelen.
Ik kan walsen noch samba dansen.
Ik houd van opera noch van ballet.

(Quanto) più in fretta lavori, (tanto) più presto finisci.
(Quanto) prima vieni, (tanto) prima puoi andartene.
(Quanto) più si invecchia, (tanto) più pigri si diventa.

Hoe sneller je werkt, hoe vroeger je klaar bent.
Hoe eerder je komt, hoe eerder je kunt gaan.
Hoe ouder je wordt, hoe inschikkelijker je wordt.

99 [novantanove]

Genitivo

99 [negenennegentig]

Genitief

la gatta della mia amica	de kat van mijn vriendin
il cane del mio amico	de hond van mijn vriend
i giocattoli dei miei bambini	het speelgoed van mijn kinderen
Questo è il cappotto del mio collega.	Dat is de mantel van mijn collega.
Questa è la macchina della mia collega.	Dat is de auto van mijn collega.
Questo è il lavoro dei miei colleghi.	Dat is het werk van mijn collega's.
Il bottone della camicia si è staccato.	Er is een knoop van het hemd af.
La chiave del garage si è persa.	De sleutel van de garage is weg.
Il computer del titolare è guasto.	De computer van de chef is stuk.
Chi sono i genitori della ragazza?	Wie zijn de ouders van het meisje?
Come faccio ad arrivare alla casa dei suoi genitori?	Hoe kom ik bij het huis van haar ouders?
La casa è in fondo alla strada.	Het huis staat aan het einde van de straat.
Come si chiama la capitale della Svizzera?	Hoe heet de hoofdstad van Zwitserland?
Qual è il titolo del libro?	Wat is de titel van het boek?
Come si chiamano i bambini dei vicini?	Hoe heten de kinderen van de buren?
Quando sono le vacanze estive dei bambini?	Wanneer hebben de kinderen vakantie?
Qual è l'orario di ambulatorio del medico?	Wanneer heeft de dokter spreekuur?
Qual è l'orario di apertura del museo?	Wat zijn de openingstijden van het museum?

100 [cento]

Avverbi

100 [honderd]

Bijwoorden

già una volta - non ... mai
È già stato a Berlino una volta?
No, non ci sono mai stato.

al een keer - nog nooit
Bent u al eens in Berlijn geweest?
Nee, nog nooit.

qualcuno - nessuno
Conosce qualcuno qui?
No, non conosco nessuno.

iemand - niemand
Kent u hier iemand?
Nee, ik ken hier niemand.

ancora - non più
Resta ancora tanto qui?
No, non ci resto più tanto.

nog - niet meer
Blijft u nog lang hier?
Nee, ik blijf hier niet lang meer.

ancora qualcosa - più niente
Vuole bere ancora qualcosa?
No, non voglio più niente.

nog iets - niets meer
Wilt u nog iets drinken?
Nee, ik wil niets meer.

già qualcosa - ancora niente
Ha mangiato già qualcosa?
No, non ho mangiato ancora niente.

al iets - nog niets
Heeft u al iets gegeten?
Nee, ik heb nog niets gegeten.

ancora qualcuno - nessuno
Qualcuno vuole ancora un caffè?
No, nessuno.

nog iemand - niemand meer
Wil er nog iemand een kopje koffie?
Nee, niemand meer.

END

Printed by Amazon Italia Logistica S.r.l.
Torrazza Piemonte (TO), Italy

35078383R00060